FACA

SALMAN RUSHDIE

Faca
Reflexões sobre um atentado

Tradução
Cássio Arantes Leite
José Rubens Siqueira

COMPANHIA DAS LETRAS

Copyright © 2024 by Salman Rushdie

Grafia atualizada segundo o Acordo Ortográfico da Língua Portuguesa de 1990, que entrou em vigor no Brasil em 2009.

Título original
Knife: Meditations After an Attempted Murder

Capa
Arsh Raziuddin

Direção de arte da capa
Greg Mollica

Preparação
Leny Cordeiro

Revisão
Marise Leal
Ana Maria Barbosa

Dados Internacionais de Catalogação na Publicação (CIP)
(Câmara Brasileira do Livro, SP, Brasil)

Rushdie, Salman
 Faca : Reflexões sobre um atentado / Salman Rushdie ; tradução Cássio Arantes Leite, José Rubens Siqueira. — 1ª ed. — São Paulo : Companhia das Letras, 2024.

 Título original: Knife : Meditations After an Attempted Murder.
 ISBN 978-85-359-3719-0

 1. Escritores ingleses – Autobiografia 2. Relatos pessoais 3. Superação – Histórias de vida I. Título.

24-189526 CDD-928

Índice para catálogo sistemático:
1. Escritores ingleses : Autobiografia 928
Tábata Alves da Silva – Bibliotecária – CRB-8/9253

Todos os direitos desta edição reservados à
EDITORA SCHWARCZ S.A.
Rua Bandeira Paulista, 702, cj. 32
04532-002 — São Paulo — SP
Telefone: (11) 3707-3500
www.companhiadasletras.com.br
www.blogdacompanhia.com.br
facebook.com/companhiadasletras
instagram.com/companhiadasletras
twitter.com/cialetras

Este livro é dedicado aos Homens e Mulheres que salvaram a minha vida.

Somos outros, não mais quem éramos antes da calamidade de ontem.

Samuel Beckett

Sumário

PARTE UM: O ANJO DA MORTE

1. Faca 13
2. Eliza 34
3. Hamot 62
4. Reabilitação 90

PARTE DOIS: O ANJO DA VIDA

5. De volta ao lar 119
6. O A. 147
7. Segunda chance 184
8. Desfecho? 208

PARTE UM
O ANJO DA MORTE

1. Faca

Às quinze para as onze do dia 12 de agosto de 2022, uma manhã ensolarada de sexta-feira, no norte do estado de Nova York, fui atacado e quase morto por um jovem com uma faca, logo depois que subi ao palco do anfiteatro de Chautauqua para falar sobre a importância de garantir a segurança dos escritores. Eu estava com Henry Reese e sua esposa, Diane Samuels, criadores do projeto Cidade Asilo de Pittsburgh, que oferece refúgio a muitos escritores que correm perigo em seu próprio país. Essa era a história que Henry e eu íamos contar em Chautauqua: a criação de espaços seguros nos Estados Unidos para escritores de outros lugares do mundo e o meu envolvimento com o início do projeto. A ocasião fazia parte da série de eventos do Instituto Chautauqua intitulada "Mais que abrigo: a redefinição do lar americano".

Nunca tivemos essa conversa. Eu estava a ponto de descobrir, naquele dia, que o anfiteatro não era um lugar seguro para mim.

Ainda vejo o momento em câmera lenta. Acompanho com os olhos o homem que corre, salta da plateia e avança até mim.

(Continuo olhando para ele. Não viro as costas em nenhum momento. Não há ferimentos em minhas costas.) Ergo a mão esquerda para me defender. Ele crava nela a faca. Depois, vários golpes, em meu pescoço, peito, olhos, em tudo. Sinto as pernas cederem e caio.

Quinta-feira, 11 de agosto, foi minha última noite inocente. Despreocupados, Henry, Diane e eu tínhamos passeado pelos jardins do instituto e jantado no agradável 2 Ames, restaurante que fica na esquina de uma área verde chamada Bestor Plaza. Rememoramos a palestra que eu havia feito dezoito anos antes, em Pittsburgh, sobre o meu papel na criação da Rede de Cidades Internacionais de Refúgio. Eles tinham começado com o financiamento de uma pequena casa e patrocinaram um poeta chinês, Huang Xiang, que cobriu as paredes externas de sua nova morada com um poema em grandes letras chinesas em tinta branca. Aos poucos, Henry e Diane expandiram o projeto até terem toda uma rua de casas-asilo, Sampsonia Way, no lado norte da cidade. Eu estava contente de estar em Chautauqua para comemorar essa conquista.

O que eu não sabia era que o meu pretenso assassino já estava presente na área do Instituto Chautauqua. Tinha entrado com identidade falsa, um nome falso composto com os nomes reais de conhecidos extremistas muçulmanos xiitas, e, mesmo quando fomos e voltamos a pé do restaurante para a casa de hóspedes onde ficamos, ele também já estava lá em algum lugar, encontrava-se ali fazia algumas noites, circulando, dormindo mal, conferindo o local de seu pretendido ataque, sem ser notado por nenhuma câmera de segurança, nem guardas de vigilância. Podíamos ter cruzado com ele a qualquer momento.

Não quero usar seu nome neste relato. Meu Agressor, meu

pretenso Assassino, o Asno que Achava que sabia coisas sobre mim e com quem tive uma Aproximação quase letal... Eu me via pensando nele, talvez compreensivelmente, como uma Anta. No entanto, neste texto vou me referir a ele de modo mais decoroso como "o A.". A maneira como o chamo na privacidade de minha casa é assunto meu.

Esse "A." não se deu ao trabalho de se informar a respeito do homem que decidira matar. Ele próprio admitiu que mal havia lido duas páginas de meus escritos e assistira a alguns vídeos meus no YouTube, e isso lhe bastou. Daí podemos deduzir que qualquer que fosse a razão do ataque, não era sobre *Os versos satânicos*. Neste livro, vou tentar entender a causa do ataque.

Na manhã de 12 de agosto, tomamos café da manhã cedo com os patrocinadores do evento, no terraço ensolarado do grande Hotel Athenaeum. Não gosto de comer muito de manhã e me limitei a um café com croissant. Encontramos o poeta haitiano Sony Ton-Aime, diretor de artes literárias do Instituto Chautauqua, que ia fazer nossa apresentação. Uma breve conversa literária sobre as virtudes e os defeitos de encomendar novos títulos pela Amazon. (Confesso que o faço às vezes.) Depois atravessamos o saguão do hotel, cruzamos a pracinha até a área dos fundos do anfiteatro, onde Henry me apresentou a sua mãe nonagenária, que era simpática.

Pouco antes de entrarmos em cena, me entregaram um envelope que continha um cheque, meu pagamento pela palestra. Eu o guardei no bolso interno do paletó e partimos para a apresentação. Sony, Henry e eu subimos ao palco.

O anfiteatro comporta mais de 4 mil pessoas. Não estava lotado, mas havia bastante gente. Sony nos apresentou rapidamente, diante de um leitoril à esquerda do palco. Eu estava sentado à direita. Então, com o canto do olho direito (a última coisa que meu olho direito enxergaria) vi o homem de preto correndo em minha direção pela lateral direita da plateia. Roupa preta, máscara preta no rosto. Vinha depressa e curvado: um míssil terrestre. Me pus de pé e observei sua chegada. Não tentei correr. Estava petrificado.

Fazia 33 anos e meio que o aiatolá Ruhollah Khomeini emitira sua notória sentença de morte contra mim e todos os envolvidos na publicação de *Os versos satânicos*, e confesso que durante esses anos às vezes imaginei que meu assassino se ergueria de um dos muitos fóruns públicos e correria para cima de mim desse jeito. Então a primeira coisa que pensei ao ver seu vulto assassino correndo até mim foi: *Então é você. Aí está você*. Dizem que as últimas palavras do escritor Henry James foram: "Então chegou afinal, a ilustríssima". A morte estava chegando para mim também, mas não me pareceu nada ilustre. Pareceu-me anacrônica.

A segunda coisa que pensei foi: *Por que agora? Sério? Faz tanto tempo. Por que agora, depois de todos esses anos?* O mundo com certeza tinha seguido em frente e a questão estava encerrada. Mas ali, avançando depressa, havia uma espécie de viajante do tempo, um fantasma assassino do passado.

Não havia seguranças à vista no anfiteatro naquela manhã (por quê, eu não sei), de forma que ele correu livre até mim. Eu estava simplesmente parado ali, olhando para ele, pregado no chão como um coelho bobo à luz dos faróis.

Então ele veio até mim.

Não vi a faca, ou pelo menos não me lembro dela. Não sei se era curta ou comprida, uma lâmina Bowie larga ou estreita como um estilete, uma faca de pão serrilhada ou uma curva em forma de crescente, ou um canivete de menino de rua, ou mesmo uma simples faca de trinchar roubada da cozinha da mãe. Não me importa. Foi bem eficiente essa arma invisível e cumpriu sua função.

Duas noites antes de voar para Chautauqua, sonhei que era atacado por um homem com uma lança, um gladiador num anfiteatro romano. Não havia plateia a bradar por sangue. Eu rolava no chão, tentava escapar dos golpes do gladiador e gritava. Não era a primeira vez que eu tinha esse sonho. Em duas ocasiões anteriores, quando o meu eu do sonho rolava transtornado, meu eu adormecido, também gritando, jogava seu corpo, o meu corpo, para fora da cama e eu acordava ao cair dolorosamente no chão do quarto. Dessa vez não caí da cama. Minha esposa, Eliza, a romancista, poeta e fotógrafa Rachel Eliza Griffith, me acordou a tempo. Sentei-me na cama, abalado pela violência do sonho tão intenso. Parecia uma premonição (embora eu não acredite em premonições). Afinal, o evento em Chautauqua em que eu estava escalado para falar também era um anfiteatro.

"Não quero ir", eu disse a Eliza. Mas as pessoas contavam comigo, Henry Reese contava comigo, o evento vinha sendo anunciado fazia algum tempo, venderam entradas e eu ia ser generosamente remunerado para aparecer. Na verdade, tínhamos algumas grandes despesas domésticas a pagar; todo o nosso sistema de ar-condicionado era velho, estava a ponto de quebrar e precisava ser renovado, portanto o dinheiro vinha em boa hora. "Melhor eu ir", falei.

Chautauqua, a cidade, fica às margens do lago Chautauqua, de onde lhe veio o nome. "Chautauqua" é uma palavra da língua erie, falada pelo povo erie, mas tanto o povo quanto a língua estão extintos, de forma que seu sentido não é claro. Pode significar "dois mocassins" ou "um saco amarrado ao meio" ou qualquer outra coisa totalmente diferente. Pode ser uma descrição da forma do lago, ou não. Certas coisas se perdem no passado e acabam esquecidas pela maioria.

A primeira vez que topei com a palavra foi em 1974, mais ou menos na época em que terminei meu primeiro romance. Foi num livro cult daquele ano, *Zen e a arte da manutenção de motocicletas*, de Robert M. Pirsig. Não me lembro de muita coisa de *ZAMM*, como o livro era conhecido: não me interesso de fato por motocicletas, nem por zen-budismo, mas me lembro de gostar da palavra estranha e de gostar também da ideia das reuniões "Chautauqua" nas quais se debatiam ideias em uma atmosfera de tolerância, abertura e liberdade. O "movimento Chautauqua" espalhou-se pelos Estados Unidos a partir da cidade do lago, e Theodore Roosevelt disse que era "a coisa mais americana dos Estados Unidos".

Eu já tinha feito uma palestra em Chautauqua, quase exatamente doze anos antes, em agosto de 2010. Me lembro da atmosfera íntima, reclusa, do Instituto Chautauqua, das ruas arborizadas em torno do anfiteatro, limpas e bem cuidadas. (Mas, para minha surpresa, dessa vez era outro anfiteatro. O velho fora demolido e reconstruído em 2017.) Dentro dos muros do instituto, gente liberal de cabelos grisalhos se reunia numa comunidade idílica e morava em confortáveis casas de madeira cujas portas não precisavam ser trancadas. Passar algum tempo ali era como dar um passo atrás no tempo, para um mundo anterior e inocente que talvez só existisse em sonhos.

Naquela última noite inocente, a noite de 11 de agosto, eu estava sozinho na frente da casa de hóspedes e olhava a lua cheia e clara que brilhava no lago. Sozinho, envolto na noite, apenas a lua e eu, juntos. Em meu romance *Cidade da vitória*, os primeiros reis do Império Bisnaga do Sul da Índia afirmavam ser descendentes do Deus da Lua, associados à "Linhagem Lunar", entre cujos membros estavam o senhor Krishna e o poderoso guerreiro aquiliano, Arjuna, do *Mahabharata*. Eu gostava da ideia de que, em vez de meros terráqueos viajando até a Lua numa nave batizada estranhamente com o nome do deus sol grego, Apolo, as divindades lunares descendiam do satélite da Terra. Fiquei algum tempo ali, sob o luar, e deixei minha mente vagar em torno da Lua. Pensei na história apócrifa de Neil Armstrong pisar na Lua e murmurar "Boa sorte, sr. Gorsky", porque quando menino em Ohio tinha visto os vizinhos, os Gorsky, brigarem porque o sr. Gorsky queria sexo oral. "Quando o filho do vizinho pisar na Lua, eu faço isso", respondeu a sra. Gorsky. Infelizmente, a história não era verdadeira, mas minha amiga Allegra Huston tinha feito um filme engraçado a respeito.

E pensei no conto "A distância da Lua", de Italo Calvino, em *As cosmicômicas*, a respeito de uma época em que a Lua estava muito mais próxima da Terra do que está hoje e amantes podiam saltar até ela para encontros amorosos.

E pensei no cartum de Tex Avery, *Billy Boy*, sobre o cabritinho na Lua.

É desse jeito livre-associativo que minha mente funciona.

Por fim, me lembrei também do filme mudo de catorze minutos *Le Voyage dans la Lune*, de Georges Méliès, o clássico do início do cinema, de 1902, sobre a viagem dos primeiros humanos à Lua numa cápsula em forma de bala disparada por um canhão incrivelmente imenso, com cartolas, fraques e guarda-chuvas. Este é o momento mais famoso desse filme: o pouso na Lua.

Ao me lembrar da imagem da espaçonave cravada no olho

direito da Lua eu não fazia ideia do que a manhã seguinte reservava para o meu olho direito.

Revejo aquele homem feliz, eu próprio, ali encharcado de luar de verão naquela noite de sexta-feira de agosto. Ele está feliz porque o cenário é bonito e porque está apaixonado; porque concluiu seu romance, acabou de fazer a última coisa que faltava, que era corrigir as provas, e seus primeiros leitores estavam entusiasmados com ele. A vida parecia boa. Mas sabemos que ele não sabia de nada. Sabemos que o homem feliz à margem do lago está em perigo mortal. Mas ele não faz a menor ideia, o que torna nosso temor por ele ainda maior.

Esse é o recurso literário conhecido como prenúncio. Um dos exemplos mais celebrados disso é o famoso início de *Cem anos de solidão*. "Muitos anos depois, ao enfrentar o pelotão de fuzilamento..." Quando nós, leitores, sabemos algo que o personagem não pode saber, queremos alertá-lo. *Fuja, Anne Frank, vão descobrir seu esconderijo amanhã*. Quando penso nessa última noite despreocupada, a sombra do futuro recai sobre minha memória. Mas não posso alertar a mim mesmo. É tarde demais para isso. Só posso contar a história.

Cá está um homem no escuro, que ignora o perigo que já está muito próximo.

Cá está um homem que vai se deitar. De manhã, sua vida vai mudar. Ele não sabe de nada, o pobre inocente. Está dormindo.

O futuro se lança sobre ele enquanto dorme.

Só que, curiosamente, é na verdade o passado que volta, meu próprio passado corre para mim, não um gladiador no sonho, mas um homem mascarado com uma faca, disposto a aplicar uma sentença de morte de trinta anos atrás. Na morte, somos todos gente de ontem presa para sempre no tempo passado. Era nessa gaiola que a faca queria me colocar.

Não o futuro. O fantasma do passado, querendo me arrastar de volta no tempo.

Por que não lutei? Por que não corri? Fiquei ali parado como uma *piñata* e deixei que me atingisse. Serei tão fraco que não consegui fazer nem a menor tentativa de me defender? Serei tão fatalista a ponto de estar preparado para simplesmente me render ao meu assassino? Por que não agi? Outros, família e amigos, tentaram responder a essa pergunta para mim. "Você tinha 75 anos na época. Ele tinha 24. Você não tinha como lutar com ele." "É bem provável que você estivesse em choque mesmo antes de ele te alcançar." "O que você podia fazer? Ele era capaz de correr mais depressa que você e você não estava armado." E insistentemente: "Onde estava a bendita segurança?".

Não sei mesmo o que pensar ou responder. Há dias em que me sinto embaraçado, envergonhado até, por não ter tentado reagir. Outros dias, digo a mim mesmo para não ser idiota, o que penso eu que poderia ter feito?

É só até aí que consegui chegar no entendimento de minha inação: os alvos de violência vivem uma crise de entendimento do real. Crianças a caminho da escola, uma congregação numa sinagoga, compradores num supermercado, um homem num anfiteatro, habitam todos, por assim dizer, uma imagem estável do mundo. Uma escola é um local de educação. Uma sinagoga, um local de culto. Um supermercado, um local de compras. Um palco, um espaço para apresentações. É nessa moldura que nos vemos.

A violência espatifa o quadro. De repente, eles não sabem as regras: o que dizer, como se portar, quais escolhas fazer. Não sabem mais a forma das coisas. A realidade se dissolve e é substituída pelo incompreensível. Medo, pânico, paralisia dominam o pensamento racional. Fica impossível "pensar direito" porque, na presença da violência, as pessoas não sabem mais o que seria "pensar direito". Elas, nós, ficamos desestabilizados, perturbados até. Nossa mente não sabe mais como funcionar. Naquela bela manhã, naquele lindo cenário, a violência veio correndo até mim e a minha realidade realmente se desfez. Talvez não seja surpreendente que, nos poucos segundos que me estavam disponíveis, eu não soubesse o que fazer.

Nos primeiros dias depois do ataque, na cama do hospital, com várias partes do corpo remendadas com grampos de metal, eu dizia orgulhosamente para quem quisesse ouvir: "Não perdi a consciência em nenhum momento, de forma que me lembro de tudo". Agora, é muito claro para mim que não era verdade. É verdade que permaneci nebulosamente consciente do que ocorria ao meu redor e não apaguei por completo, mas não é verdade que meu poder de observação estivesse normal, ou algo semelhante. É provável que a segurança de minha afirmação se sustentasse pelos poderosos analgésicos que me davam na época: fentanil, morfina, tudo o que se possa imaginar. O que vem a seguir, portanto, é uma colagem, com pedaços de minhas lembranças, emendados a outros testemunhos e notícias da imprensa.

Senti um golpe muito forte no lado direito do maxilar. *Ele quebrou meu queixo*, me lembro de pensar. *Meus dentes todos vão cair.*

De início, pensei que havia sido atingido por alguém que realmente tinha um bom soco. (Depois fiquei sabendo que ele fazia aulas de boxe.) Agora sei que havia uma faca naquele punho. Começou a escorrer sangue do meu pescoço. Percebi, ao cair, que havia líquido escorrendo pela minha camisa.

Várias coisas aconteceram então, muito depressa, e não tenho bem certeza da sequência. Havia uma ferida de faca profunda na mão esquerda, que cortou todos os tendões e a maioria dos nervos. Havia pelo menos mais dois ferimentos profundos em meu pescoço, um corte de lado a lado, e mais no lado direito, e outro mais acima em meu rosto, também do lado direito. Se olho para meu peito agora, vejo uma linha de feridas no centro, dois cortes mais na parte inferior direita e um corte no alto da coxa direita. E há um corte do lado esquerdo da minha boca e um ao longo da linha dos meus cabelos também.

E havia a facada no olho. Esse foi o golpe mais cruel e foi uma ferida profunda. A lâmina penetrou até o nervo óptico, o que significava que não havia nenhuma possibilidade de salvar a visão. Estava perdida.

Ele simplesmente esfaqueava loucamente, esfaqueava e cortava, a faca me atingindo como se tivesse vida própria, e eu caindo para trás, para longe dele, enquanto me atacava; na queda, bati com força o ombro no chão.

Alguns espectadores, não dispostos a abandonar sua imagem do mundo e ver o que estava realmente acontecendo, pensaram que o ataque podia ser algum tipo de performance artística com a intenção de ilustrar a questão da segurança dos escritores que ali estávamos para discutir.

Até mesmo Henry Reese, sentado em sua cadeira, levou um momento para ajustar a própria realidade. Então viu que o homem estava em cima de mim e viu o sangue.

O que aconteceu em seguida foi puro heroísmo.

Henry diz que agiu "por instinto", mas não tenho tanta certeza. Henry, assim como eu, está na casa dos setenta anos, e o A. tinha 24, estava armado e disposto a matar. Mesmo assim, Henry atravessou correndo o palco e o agarrou. A meu ver, o melhor jeito de dizer foi que *ele agiu de acordo com sua melhor natureza*.

23

Com seu caráter, em outras palavras. Sua coragem é consequência de quem ele é.

E os espectadores também agiram de acordo com sua melhor natureza. Não sei exatamente quantas pessoas correram para ajudar, mas do meu ponto de vista no chão tinha consciência de um amontoado de corpos lutando para deter o pretenso assassino, mesmo sendo ele jovem, forte, difícil de dominar e tendo uma faca ensanguentada na mão. Se não fosse por Henry e a plateia, eu não estaria hoje aqui, escrevendo estas palavras.

Não vi o rosto deles e não sei seus nomes, mas foram as primeiras pessoas a salvar minha vida. De forma que, naquela manhã em Chautauqua, vivenciei o pior e o melhor da natureza humana, quase ao mesmo tempo. É isso que somos como espécie: temos dentro de nós tanto a possibilidade de assassinar um velho estranho por quase nenhuma razão, o potencial do Iago de Shakespeare que Coleridge chamou de "malignidade sem causa", e contemos também o antídoto para essa doença: coragem, desapego, disposição de arriscar a vida para ajudar aquele velho estrangeiro caído no chão.

Acredito que, no fim, algum policial apareceu e levou o pretenso assassino para a cadeia. Não sei nada a respeito. Eu tinha outras coisas em que pensar.

Uma arma de fogo pode ser usada à distância. Uma bala pode voar desde muito longe para formar uma ponte letal entre assassino e assassinado.

Uma arma de fogo é ação à distância, mas um ataque a faca é uma espécie de intimidade, a faca é uma arma de perto, e os crimes que comete são encontros íntimos. *Aqui estou, seu filho da puta*, a faca sussurra a sua vítima. *Estou à sua espera. Está me vendo? Estou bem na sua frente. Cravo o meu fio assassino em seu pes-*

coço. Sente? E aqui um pouco mais e então mais ainda. Estou bem aqui. Bem na sua frente.

Segundo o noticiário, o A. passou 27 segundos comigo. Em 27 segundos, se você é religioso, dá para recitar o pai-nosso. Ou, deixando de lado a religião, ler em voz alta um soneto de Shakespeare, aquele sobre o dia de verão ou, talvez, o meu favorito, o número 130. "Seus olhos nada têm de um sol que arda." Catorze pentâmetros iâmbicos, uma oitava e uma sextilha; foi o quanto passamos juntos no único momento de intimidade que teríamos. Uma intimidade de estranhos. Essa é uma frase que usei algumas vezes para expressar a alegria que acontece no ato da leitura, aquela feliz união das vidas interiores de autor e leitor.

Não houve nada de feliz nessa união. Ou talvez tenha havido para o A. Ele atingiu seu objetivo, afinal; sua lâmina penetrou seu corpo-alvo, muitas e muitas vezes, e ele tinha toda a razão para pensar que obteve sucesso em seu empenho e que ocupava o palco da história, tornando-se aquele que cumpriu uma antiga ameaça.

Sim. Acredito que ele possa ter sido feliz durante nosso momento de intimidade.

Mas depois foi arrancado de cima de mim e imobilizado no chão. Seus 27 segundos de fama terminados. Ele voltava a ser ninguém.

Lembro-me de estar deitado no chão e ver a poça do meu sangue se espalhando a partir do meu corpo. *É muito sangue*, pensei. E em seguida, pensei: *Estou morrendo*. Não era dramático, nem horrível demais. Era apenas provável. É, muito provavelmente era isso que estava acontecendo. Era objetivo.

É raro alguém conseguir descrever a própria experiência de quase morte. Em primeiro lugar, esclareço que isso não acon-

25

teceu. Não havia ali nada de sobrenatural. Nenhum "túnel de luz". Nenhuma sensação de deixar o meu corpo. Na verdade, nunca me senti tão ligado ao meu corpo. Meu corpo estava morrendo e me levava com ele. Era uma sensação intensamente física. Depois, quando eu estava fora de perigo, perguntei a mim mesmo quem ou o que era o "eu", o self que estava no corpo e não estava no corpo, aquilo que o filósofo Gilbert Ryle chamou certa vez de "o fantasma na máquina". Nunca acreditei na imortalidade da alma, e minha experiência em Chautauqua parecia confirmar isso. O "eu", fosse o que ou quem fosse, estava com certeza no limiar da morte junto com o corpo que o abrigava. Eu disse algumas vezes, meio de brincadeira, que nossa noção de um "eu" não corpóreo pode significar que possuímos uma alma *mortal*, uma entidade ou consciência que termina junto com a existência física. Penso agora que talvez não seja apenas uma piada.

Caído ali no chão, não pensei em nada disso. O que ocupou minha cabeça, e foi difícil de suportar, foi a ideia de que eu ia morrer longe das pessoas que amo, na companhia de estranhos. O que senti com mais força foi uma profunda solidão. Eu nunca veria Eliza de novo. Nunca veria novamente os meus filhos, nem minha irmã, nem as filhas dela.

Alguém conta para eles, eu tentava dizer. Não sei se alguém me ouviu ou entendeu. Minha voz parecia longe de mim, rouca, interrompida, borrada, inexata.

Era como se eu estivesse vendo através de um espelho escuro. Eu conseguia escutar, indistintamente. Havia muito barulho. Eu tinha consciência de um grupo de pessoas à minha volta, curvadas sobre mim, todas gritando ao mesmo tempo. Uma agitada redoma de seres humanos, encerrando meu corpo deitado. Uma *cloche*, ou cúpula, na terminologia culinária. Como se eu fosse o prato principal numa travessa, servido malpassado, *saignant*, e elas me mantivessem aquecido, mantivessem, por assim dizer, coberto.

Tenho de falar da dor, porque desse assunto minhas lembranças são consideravelmente distintas das de quem me cercava, um grupo que compreendia pelo menos dois médicos que estavam na plateia. Pessoas desse grupo disseram a jornalistas que eu gemia de dor, que perguntava: *O que aconteceu com a minha mão? Por que dói tanto!* O estranho é que, em minha memória, não há registro de dor. Talvez o choque e a confusão tenham dominado a percepção de agonia da mente. Não sei. Era como se tivesse aparecido uma desconexão entre meu ser "exterior" no mundo e meu ser "interior", dentro de mim, que estava de alguma forma separado dos meus sentidos e, penso agora, perto do delírio.

Red Rum é murder (assassinato) *de trás para frente; Red Rum,* um cavalo, venceu três vezes o Grande Steeplechase Internacional, em 73, 74 e 77. Eram coisas assim sem sentido que cruzavam minha cabeça. Mas ouvi, de fato, algo do que era dito acima de mim.

"Cortem a roupa dele para vermos onde estão os ferimentos", alguém gritou.

Ah, pensei, *meu belo terno Ralph Lauren.*

Então veio a tesoura, ou talvez uma faca, não faço mesmo ideia, e tiraram minha roupa; havia coisas de que as pessoas realmente precisavam cuidar com urgência. Havia também coisas que eu precisava dizer.

"Meus cartões de crédito estão nesse bolso", murmurei para alguém que podia estar atento. "As chaves de casa estão no outro bolso."

Ouvi uma voz de homem dizer: *Que importância tem isso agora?*

E uma segunda voz: *Claro que importa, não sabe quem é ele?*

Era provável que eu estivesse morrendo, então que importância tinha aquilo, de fato. Eu não tinha esperança de precisar das chaves nem dos cartões de crédito.

Mas agora, em retrospecto, ao ouvir minha voz rachada insistir nessas coisas, as coisas de minha vida cotidiana normal, acho que uma parte de mim, alguma parte guerreira bem no fundo, simplesmente não planejava morrer e pretendia sim usar aquelas chaves e cartões de crédito outra vez, no futuro, naquela existência que essa parte interna de mim insistia com toda a força que ainda tinha. Alguma parte de mim sussurrava: *Viva. Viva.*

Que fique registrado que recebi tudo de volta: os cartões, as chaves, meu relógio, algum dinheiro, tudo. Nada foi roubado. Não recebi de volta o cheque que estava no bolso interno; manchado de sangue, a polícia ficou com ele, como prova. Pela mesma razão, ficaram também com meus sapatos. (Alguns me perguntaram por que fiquei tão surpreso de nada meu ter se perdido. Por que alguém haveria de querer roubar algo em um momento tão terrível? Acho que às vezes sinto mais desencanto com a natureza humana do que esses que me perguntam. Fiquei contente de minha desconfiança mostrar-se infundada.)

Um polegar pressionou meu pescoço. Senti que era um polegar grande. Estava pressionando o ferimento maior para impedir que o sangue fosse bombeado para fora. O dono do polegar se apresentava a quem quer que lhe desse ouvidos. Era um bombeiro aposentado, disse. Seu nome era Mark Perez. Ou talvez fosse Matt Perez. Foi uma das muitas pessoas que salvaram minha vida. Mas, naquele momento, ele não era para mim um bombeiro aposentado. Era um polegar.

Alguém, provavelmente um médico, disse: *Erga as pernas dele. Precisamos que o sangue flua para o coração.* Braços ergueram minhas pernas. Eu estava no chão, com a roupa cortada e as pernas no ar. Estava, como o Rei Lear, "não exatamente lúcido", mas me restava consciência suficiente para me sentir... humilhado. Nos meses seguintes, haveria ainda muitas humilhações corporais. Diante de ferimentos graves, a privacidade de seu corpo deixa de existir, perde-se autonomia sobre o eu físico, sobre o veículo em que você navega. Você deixa as pessoas fazerem o que quiserem com seu corpo: cutucar, drenar, injetar, costurar e inspecionar sua nudez para que você possa viver.

Me ergueram para uma padiola. A padiola foi posta em uma maca. Então fui levado rapidamente das coxias para o ar livre, até o helicóptero que estava à espera. Ao longo de todo esse processo, o polegar chamado Matt ou Mark Perez permaneceu em posição, pressionando o ferimento em meu pescoço. No helicóptero, porém, o polegar e eu tivemos de nos separar.

Quanto o senhor pesa?

Eu estava começando a apagar, mas entendi que a pergunta era dirigida a mim. Mesmo naquele estado terrível, senti vergonha de responder. Nos últimos anos, meu peso aumentara descontroladamente. Eu sabia que precisava perder entre vinte e trinta quilos, mas era muito e eu não estava conseguindo muita coisa. E agora tinha de contar a quem quer que estivesse escutando o número vergonhoso.

Consegui falar algarismo por algarismo. *Um. Zero. Nove.*

O helicóptero era um pequeno *bumblebee* preto e amarelo sem portas e com limite restrito de peso máximo. Não havia espaço a bordo para o polegar chamado Mark ou Matt Perez. Outro polegar, ou alguma outra coisa, tomou seu lugar. Eu já não percebia mais nada com clareza.

Estávamos voando. Isso eu sabia. Sentia o ar abaixo de nós, movimento, atividade urgente ao meu redor. O pouso foi tão macio que nem me dei conta de que estávamos de novo em terra. Uma impressão de gente correndo. Adivinhei que punham uma máscara de anestesia sobre minha boca e nariz. E depois disso... nada.

Quatro dias depois, o Instituto Chautauqua emitiu um comunicado que dizia, em parte: "Haverá um aumento substancial da presença de seguranças em todo o instituto. Além disso, serão aplicados amplos protocolos de segurança, muitos dos quais não serão perceptíveis para visitantes e residentes. O instituto está trabalhando com nossos consultores profissionais de segurança e múltiplas agências de segurança na aplicação de medidas de gestão de risco e segurança". (Dez meses depois, em 16 de junho de 2023, as prometidas precauções de segurança foram reveladas à imprensa.)

Pode-se pensar que *trancaram a porta depois de a casa ter sido roubada.*

Porém, como o leitor atento terá adivinhado, sobrevivi. No excelente romance brasileiro de Machado de Assis, *Memórias póstumas de Brás Cubas*, o herói do título confidencia que está contando sua história além-túmulo. Ele não explica como, e esse truque eu ainda não aprendi.

Então, tendo sobrevivido — e há muito mais a dizer a respeito —, não consigo evitar meu carinho mental pela livre associação.

Facas. Facas em filmes favoritos, *A faca na água*, de Polanski, uma fábula sobre violência e infidelidade. Facas em livros favoritos. *A faca sutil*, de Philip Pullman, capaz de abrir passagens entre os mundos e permitir que o portador atravesse múltiplas realidades. E, é claro, a faca de açougueiro com a qual o protagonista de *O processo*, de Kafka, é morto na última página do livro. "'Como um cachorro', pensou ele. Como se quisesse que aquela vergonha sobrevivesse a ele."

E mais duas facas pessoais.

Primeira: em 1968, depois de me formar em Cambridge, fui visitar meus pais em Karachi, Paquistão, enquanto pensava no que fazer da vida. Naquela época, a estação de televisão local relativamente nova transmitia toda noite um programa em inglês, em geral alguma coisa como um episódio de *Columbo*. O cavalheiro que comandava a TV Karachi então, Aslam Azhar, era amigo de minha tia Baji (a begum Amina Majid Malik, notável educadora e irmã mais velha de minha mãe). Ela marcou uma entrevista minha com ele e eu vendi o meu peixe. Se ele estivesse disposto a programar alguma coisa em inglês, por que não criar, de vez em quando, algum material original em inglês, em vez de todas as reprises de *Havaí Cinco Zero*? "De cinquenta minutos", eu disse, "a mesma duração de *Columbo*, de forma que podia ocupar o mesmo espaço. Um elenco de apenas dois personagens e o cenário nada mais caro do que um banco de jardim. De forma que seria barato também." O peixe foi bem vendido. Dirigi e estrelei a produção. Foi uma obra lamentável e por sorte não foi preservada.

No clímax da peça, meu personagem tinha de se empalar em uma faca segurada pelo outro personagem. A faca que me deram não era um objeto cênico. A lâmina não entrava para o cabo. Era uma faca de verdade, para valer, com uma lâmina afiada de quinze centímetros: "O que eu faço com isso?", perguntei ao diretor de cena.

"Represente", ele respondeu.

Segunda: há vinte anos, o romance que viria a ser *Shalimar, o equilibrista* nasceu de uma única imagem que eu não conseguia tirar da cabeça, a imagem de um homem morto no chão enquanto um segundo homem, seu assassino, paira acima dele com uma faca ensanguentada. No começo, era tudo o que eu tinha: um ato sangrento. Só depois entendi quem eram os dois homens e qual era a história deles. Quando penso nisso agora, fico abalado. Geralmente não penso nos meus livros como profecias. Tive alguns problemas com profetas na minha vida e não me candidato ao cargo. Mas é difícil, ao pensar em retrospecto a gênese desse romance, não ver a imagem — no mínimo — como uma premonição. E a primeira frase de *Os versos satânicos* voltou a me assombrar também. "*Para nascer de novo*", cantava Gibreel Farishta, enquanto despencava do céu, "*é preciso morrer primeiro.*"

Quando *Os versos satânicos* foi lançado em 1988, eu tinha 41 anos. Era meu quinto livro publicado. Em 12 de agosto de 2022, em tinha 75 anos e aguardava a publicação de meu 21º livro, *Cidade da vitória*. Mais de três quartos de minha vida de escritor tinham se passado desde que, como eu costumava dizer, o excremento bateu no ventilador. Aqueles curiosos em relação ao meu trabalho têm muito mais para escolher do que tinham então, e digo que essas pessoas talvez pudessem começar com um livro diferente "daquele".

Durante muitos anos, me senti obrigado a defender o texto "daquele" romance e também o caráter de seu autor. Era moda em certos círculos literários descrever o livro como ilegível, um livro do qual não se conseguia ir além da página 15. Nesses círculos, as pessoas falavam de um "Clube da Página 15". O Royal Court Theatre de Londres montou uma peça, *Iranian Nights*, sobre o chamado Caso Rushdie, na qual usavam o refrão recorrente: "Era um livro impossível de ler". Eu sentia a necessidade de defender o texto. Além disso, muitas pessoas importantes e não muçulmanas uniram-se ao ataque islâmico para dizer que eu era uma má pessoa: John Berger, Germaine Greer, o presidente Jimmy Carter, Roald Dahl e vários figurões do Partido Conservador britânico.

Comentaristas como o jornalista Richard Littlejohn e o historiador Hugh Trevor-Roper disseram que não se importariam nem um pouco se eu fosse atacado. (Sobrevivi a Trevor-Roper, mas creio que Littlejohn deve estar bem satisfeito agora, esteja onde estiver.) Não tenho mais o menor impulso de defender o romance ou a mim mesmo. Os ensaios "De boa fé" e "Nada é sagrado?" e o livro de memórias *Joseph Anton, Memórias,* contêm tudo o que tenho a dizer sobre esses assuntos. Quanto ao resto, me contento em ser julgado pelos livros que escrevi e pela vida que vivi. Permitam que eu diga logo de início: me orgulho do trabalho que fiz e isso inclui sem dúvida *Os versos satânicos.* Se alguém está esperando remorso, pode parar de ler já aqui. Meus romances se sustentam sozinhos. Um dos benefícios da passagem do tempo é que agora existem muitos jovens leitores que podem abordar *Os versos satânicos* como um simples romance antigo, e não como uma espécie de batata quente teológica. Alguns adoram o livro, outros não, e essa é a vida normal de qualquer livro.

 Correção: essa abordagem puramente literária tinha se tornado possível até aquele dia de agosto. Um dos aspectos mais enervantes do que aconteceu comigo em Chautauqua foi que, pelo menos por algum tempo, ou talvez para sempre, "aquele" romance foi arrastado novamente para a narrativa de escândalo.

 Mas não tenho a menor intenção de viver de novo essa narrativa.

2. Eliza

Em meu ensaio *Linguagens da verdade*, escrevi sobre a inspiração e o nascimento do Festival PEN Norte-americano de Vozes do Mundo. Para evitar que eu me repita, direi apenas que se Norman Mailer não fosse presidente do PEN em 1986, se ele não tivesse arrecadado uma tonelada de dinheiro e convocado uma cintilante constelação dos maiores escritores do mundo à cidade de Nova York para aquele lendário congresso em que Günther Grass e Saul Bellow se enfureceram um com o outro a respeito da pobreza do South Bronx, e John Updike usou as caixinhas de correio azuis dos Estados Unidos como metáfora de liberdade e seu aconchego irritou uma parte substancial da plateia, e Cynthia Ozick acusou de antissemita o ex-chanceler austríaco Bruno Kreisky (ele próprio judeu) porque ele havia se encontrado com Yasser Arafat e Grace Paley se enfureceu com Norman por ter convocado poucas mulheres e Nadine Gordimer e Susan Sontag discordaram de Grace porque "literatura não é um empregador de oportunidades iguais", e se eu não fosse o novato deslumbrado, se aqueles dias loucos no Essex House Hotel no Central Park South não tivessem acontecido, eu nunca teria tido a ideia de lançar um festival internacional de literatura quase quarenta anos depois, numa cidade que tinha festivais internacionais de tudo, mas até então nenhum de literatura. E se eu não tivesse partido para criar o festival com a ajuda de Mike Roberts e Esther Allen do PEN e muitas outras pessoas do PEN, se o festival não tivesse se tornado o bem-sucedido equivalente literário anual do *Field of Dreams* do basquete ("se você construir, eles vêm")... então, muito provavelmente, eu não teria conhecido Eliza. Mas tudo isso de fato aconteceu e eu a conheci no Primeiro de Maio de 2017, no salão verde do Cooper Union, antes do evento de abertura do festival. Talvez tudo isso tenha acontecido *para que* nós nos encontrássemos. E, nesse caso, devo admitir que devemos nossa sorte ao sr. Norman Mailer.

Fui presidente do festival durante seus primeiros dez anos, mas depois passei o bastão para outras mãos, excelentes, a começar por Colin Tóibín. Em 2017, meu único dever como cofundador era apresentar o evento de abertura e chamar ao palco os primeiros palestrantes: o grande poeta sírio Adonis (Ali Ahmed Esber), que ia ler em árabe, e a pessoa que leria a tradução de seus poemas para o inglês, a poeta afro-americana completamente desconhecida para mim, Rachel Eliza Griffiths. Ao cumprimentar Adonis (em francês, porque ele não fala inglês), fui recompensado com um sorriso estonteante da mulher parada ao lado dele, que apertou minha mão e se apresentou como "Eliza".

Leitor: aquele sorriso era difícil de ignorar.

Ela preferia usar seu nome do meio, porque era o que sua mãe sempre usava. Por acaso, eu também uso meu nome do meio, de forma que tínhamos isso em comum. Ninguém nunca me chamou de "Ahmed", a não ser minha mãe quando estava zangada comigo e aí usava meus dois nomes: "Ahmed Salman, venha aqui imediatamente!". Ao longo dos anos, eu tinha feito uma lista mental de outras pessoas que usam o nome do meio: James Paul McCartney, Francis Scott Fitzgerald, Robyn Rihanna Fenty, F. Murray Abraham, Lafayette Ron Hubbard, Joseph Rudyard Kipling, Edward Morgan Forster, Keith Rupert Murdoch, Thomas Sean Connery, Rachel Meghan Markle. Às vezes (talvez com muita frequência) eu soltava essa lista como um truque de festa, mas algo no sorriso de Eliza me alertou a não tomar esse rumo.

Não se exiba, eu disse a mim mesmo.

Primeiro passo.

Um pouco mais sobre a questão dos nomes. Logo descobri que o pai e todos os familiares dela, assim como quase todos os seus amigos mais chegados, a chamavam de Rachel. Mas ela pediu que eu a chamasse de Eliza, eu chamei, e ainda chamo. Depois da morte de sua mãe em 2014, um acontecimento sísmico na vida dela, e inspiração para o seu quinto volume de poesia, *Seeing the Body* [Ver o corpo], ela quis se apegar à versão maternal de si mesma, era essa que ela queria ser e estava no processo de se tornar.

Atualmente, eu diria que o placar Rachel versus Eliza está algo em torno de 50%. "Eliza" está ganhando terreno.

Nenhum de nós dois estava com pensamentos românticos naquela noite no salão verde. Sei que eu não estava e quanto a mim, divorciado havia quase quinze anos, fazia mais de um ano e meio que não saía com ninguém. Recentemente, numa conversa com minha irmã Samin, um ano mais nova que eu, ou, na opinião dela, minha "irmã muito mais nova", tínhamos ambos expressado a ideia de que os capítulos românticos de nossa vida talvez estivessem encerrados. De minha parte, eu tinha dois filhos ótimos, um trabalho que adorava, amigos queridos, uma bela casa, dinheiro suficiente. Os dias difíceis haviam ficado no passado. Eu adorava Nova York. Não havia nada errado com esse quadro. Nada faltava. Não fazia a menor falta outra figura na paisagem, outra pessoa, uma companheira, uma amante, para completar. Já tinha o bastante.

Então eu não estava de modo algum pensando em romance. Na verdade, estava ativamente determinado a não procurar romance. E então o romance me apareceu, me deu um tapa atrás do ouvido e não fui capaz de resistir. Como diria o mandaloriano do amor: *Este é o caminho.*

Depois do evento Vozes do Mundo, quando o público saiu para a praça Cooper sob o olhar da estátua de Peter Cooper em seu pedestal, estava acontecendo uma vigília de apoio ao Black Lives Matter. Estava no ar o espírito do jovem Trayvon Martin, cujo assassinato por George Zimmerman e a lamentável absolvição subsequente de Zimmerman tinham inspirado o movimento que se tornou o BLM. Eliza e eu nos juntamos à multidão e juntos seguramos uma vela. Pedi a alguém que fizesse uma foto com meu iPhone e fico feliz agora de ter uma imagem daquele momento, mesmo não tendo acontecido nada lá; ou talvez, mais precisamente, porque parecia não ter acontecido nada. Erguemos a vela por algum tempo e depois seguimos rumos diferentes.

Houve uma pós-festa do PEN na cobertura do Standard East Village Hotel, a poucos passos da Union Cooper. Encontrei Marlon James e Colum McCann para um drinque no bar do térreo do hotel e pensei em seguida: *Melhor eu voltar para casa.* Eles disseram que iam subir para a festa e insistiram que eu fosse, mesmo que ficasse pouco tempo. Eu resmunguei um pouco e acabei concordando.

Nesses momentos de moeda jogada no ar, uma vida pode mudar. O acaso determina nosso futuro ao menos tão profundamente quanto nossas escolhas ou então aquelas ideias não existentes de *karma*, *kismet*, "destino".

37

Quando cheguei à festa, a primeira pessoa que vi foi Eliza, e depois disso não olhei para mais ninguém. O que não havia acontecido no salão verde e durante a vigília aparentemente havia acontecido sem que percebêssemos. Estabelecemos uma conversa fácil que era só um pouco flerte.

O espaço da festa da cobertura tinha uma área interna e um terraço externo, separados por grandes portas corrediças de vidro. Era uma noite quente, clara, e sugeri que fôssemos para a área externa, olhar as luzes da cidade. Ela foi na frente. Segui atrás dela e não cheguei a notar uma coisa importante: que embora uma das portas corrediças estivesse aberta e ela tivesse passado por ali, a outra estava fechada. Ao avançar, completamente distraído pela presença da mulher linda e brilhante que acabara de encontrar, e como resultado de não olhar de fato para onde estava indo, achei que ia sair para o espaço aberto, bati com força no vidro e caí dramaticamente no chão. Foi uma coisa muito desajeitada e patética. Há um conto de P. G. Wodehouse chamado "The Heart of a Goof" [O coração de um pateta]. Seria um bom título para esse episódio também.

Minha cabeça estava girando. "Não desmaie", ordenei a mim mesmo. "Não desmaie, porra."

Meus óculos quebraram e fizeram um corte no alto do nariz, de forma que o sangue escorreu pelo meu rosto. Eliza correu até mim e começou a enxugar o sangue. Eu ouvia vozes gritando que eu tinha caído. Houve uma grande agitação. Mas eu não desmaiei. Me pus de pé com alguma ajuda e, trêmulo, disse que achava melhor chamar um táxi e ir para casa.

Eliza desceu no elevador comigo. Chegou o táxi. Eu entrei.

E Eliza entrou também.

"E daí", como gosto de dizer quando conto essa história a nossos amigos, "estamos juntos desde então."

Gosto de dizer também que ela "literalmente me nocauteou".

Acredito que isso é um exemplo do que, na linguagem das comédias românticas de Hollywood, se chama *meet-cute* [um encontro fofinho].

Claro que, se eu não tivesse aquele violento encontro com a porta de vidro, Eliza nunca teria entrado no táxi comigo. (Ela concorda plenamente com essa ideia.) Ela foi junto porque estava preocupada comigo e queria ter certeza de que eu estava bem. Chegamos a minha casa e começamos a conversar. Conversamos até as quatro da manhã. A certa altura, ela disse que estava contente de sermos amigos agora. Repliquei: "Já tenho muitos amigos. Isto aqui é diferente". Isso causou uma impressão. Ah, ela pensou, *ele tem muitos amigos*. Ela ficou satisfeita. Eliza voltou para sua casa no Brooklyn ao nascer do sol. Depois que ela saiu, anotei o seguinte: "Acho que me apaixonei por Eliza. Espero que seja real".

Me ocorre agora que essa cena de novela tem estranhas similaridades com a cena do ataque: óculos quebrados, o sangue (muito menos sangue, mas mesmo assim, sangue), a queda atordoada, as pessoas se juntando em cima de mim. Era uma espécie de cômica premonição. Mas a grande diferença é que essa é uma cena feliz. Uma cena de amor.

Um dos caminhos mais importantes que me levaram a entender o que me aconteceu e a natureza da história que estou contando aqui é que se trata de uma história em que o ódio, a faca como uma metáfora do ódio, é afinal superada pelo amor. Talvez a porta corrediça de vidro seja uma analogia do coup de foudre, do raio. Uma metáfora de amor.

* * *

Sempre tive interesse em escrever sobre felicidade, em grande parte porque é uma coisa extremamente difícil de fazer. Uma reverência a Montherlant e também ao Henry de John Berryman pela frase famosa: "*Le bonheur écrit à l'encre blanche sur des pages blanches*". A felicidade escreve com tinta branca sobre páginas brancas. Em outras palavras, não dá para fazer com que ela apareça na página. Ela é invisível. Não se mostra. Bom, é um desafio, pensei. Gosto de desafios. Comecei a escrever um conto intitulado "Tinta branca numa página branca". O protagonista se chamava Henry, uma homenagem ao Henry de *Canções de sonho*, de John Berryman. Eu queria que o meu Henry sofresse de felicidade do jeito que as pessoas sofrem de doenças incuráveis, ou de idiotice. Pensei no *Cândido*, de Voltaire, e queria que Henry acreditasse, à maneira do *Cândido*, que vivia no melhor dos mundos possível. Pensei: *Ele não pode ser uma pessoa não branca se vive feliz desse jeito. Tinha de ser branco.*

Escrevi este primeiro parágrafo:

> Henry White era branco e feliz. Durante um bom tempo, não havia mais nada a dizer a seu respeito. À sua volta, havia gente com infelicidades que mereciam ser narradas, mas Henry estava satisfeito e, portanto, numa espécie de branco. Ninguém sabia como interpretá-lo. Ele tinha sido branco e feliz desde o dia em que nasceu. Porém ele não pensava em si mesmo como branco, porque branco era a cor de pessoas que não achavam importante pensar sobre a própria cor, porque eram apenas pessoas; cor era coisa para outras pessoas pensarem, pessoas que não eram apenas pessoas. Feliz era a natureza de Henry, a natureza de um ser humano cuja felicidade nunca tinha sido sabotada e que se considerava merecedor de tal coisa, como a Declaração lhe garantia desde muito antes de ele

nascer. Junto à caixa de correio da família em uma alameda campestre da Nova Inglaterra, um pouco adiante da casa do dentista que exibia uma placa no jardim da frente que dizia TOOTH ACRES,* ele erguera um poste de madeira com sua própria placa. Que dizia assim HAPPY HOME [Lar feliz].

(Nota: minha tia Baji também morava numa casa chamada Happy Home, na rua Deepchand Ojha, em Carachi, Paquistão, há um milhão de anos.) Parei aí. Talvez eu termine o conto, talvez não. Pensei muito no Henry, o Henry de Berryman, assim como no meu.

Um dia num plátano, eu satisfeito,
lá no mais alto cantava,

nos diz Berryman, já na primeira *Canção de sonho*. E depois, o Henry indiano também:

E Henry estava feliz & transbordante.
Transbordantes suas possibilidades;
Horas de salamaleques na manhã quase cega
e leprosos da chuva saudavam de volta

Eu queria fazer coisas terríveis com o Henry de meu conto- -*Cândido*: queria que seus pais morressem, que ele perdesse a fortuna, que sua *belle Cunégonde* o deixasse e depois pegasse sífilis e perdesse os dentes. Queria que ficasse semimorto no terremoto de Lisboa e queria que os leprosos o roubassem e rissem de seu infortúnio. Queria que ele fosse arrancado da couraça que a brancura lhe dera e olhasse o mundo com olhos não brancos, para se

---

* *Tooth acres*, "acres do dente" trocadilho com *Tooth aches*, "dores de dente". (N. T.)

transformar em Henry Não Branco. Se ainda estivesse feliz depois de tudo isso e satisfeito em cultivar seu jardim, então sua felicidade, talvez toda felicidade, fosse uma forma de simplória insanidade. Uma ilusão. O mundo é monstruoso, portanto, a felicidade é uma mentira. Talvez ao terminar houvesse um final como o de Berryman, uma ponte da qual saltar e acabar com tudo. Ao menos uma louca felicidade assim talvez não seja escrita em branco. Nunca terminei o conto. Talvez termine, talvez não. Ainda está vivo em algum canto escuro da minha cabeça.

Acho que parei de trabalhar nele porque alguma coisa muito improvável me aconteceu, graças àquele fortuito encontro com Eliza: fiquei feliz. A felicidade agora era a minha história, não só a do meu personagem, e não era escrita em branco absolutamente. Era revigorante.

Eu estava feliz, nós estávamos felizes, havia mais de cinco anos. Então a versão da calamidade que eu queria lançar sobre Henry foi atirada contra mim. Poderia a nossa felicidade sobreviver a um golpe assim? E se sobrevivesse, seria uma ilusão, um jeito de desviar os olhos da monstruosidade do mundo, que a faca havia deixado tão clara? O que significaria ser feliz depois da tentativa de homicídio? O que poderia significar, o que poderia provocar em nós, deixarmos de ser felizes?

Em 12 de agosto de 2022, essas perguntas teriam soado absurdas, se me ocorressem. Naquele dia, não parecia que nada de mim fosse sobreviver.

Ela era linda, mas seu relacionamento com a beleza, disse ela, era complicado. Adorava Rilke, que dizia: "Pois que é o Belo senão o grau do Terrível que ainda suportamos e que admiramos porque, impassível, desdenha destruir-nos?".* Ela era feita de beleza e terror em partes iguais. Encomendei todos os seus livros de poemas, li e entendi que seu dom, sua natureza, seu ser no mundo, eram excepcionais. Ela escreveu:

*Sou uma mulher fora da lei
numa dança de sombra. Minha vida rápida demais para ferir.
[Qual
o nome daqueles que colecionam o belo.*

Eu me senti como Ali Babá ao aprender as palavras mágicas que abrem a caverna do tesouro *Abre-te Sésamo*, e ali, sua luz a ofuscar os olhos, estava o tesouro, e era ela.

Tive a sorte de ela também pensar bem de mim. Anos depois, seu pai perguntou como ela havia se apaixonado e ela disse que logo depois de nos conhecermos, estávamos jantando num restaurante e ela se viu pensando que tudo o que queria era passar o resto de sua vida com aquele homem. De forma que nós dois recebemos e demos amor. A mais doce troca de presentes.

As coisas aconteceram depressa. Nossa vida *rápida demais para ferir*. Apenas algumas semanas se passaram até estarmos vivendo juntos, embora estivéssemos ambos feridos. (Do meu lado, eu trazia as cicatrizes do xadrez de meu passado romântico.) Nossos amigos deram conselhos de cautela. Os dela, que tinham lido na mídia palavras maldosas e falsas a meu respeito, a alertaram contra mim. Os meus, que tinham visto com qual frequência e profundidade eu tinha sido ferido no passado, perguntavam, ansiosos: *Tem certeza?* Esse é talvez o jeito inevitável do mundo

---

* Rainer Maria Rilke, *Elegias de Duíno*. Trad. de Dora Ferreira da Silva. Porto Alegre: Globo, 1972.

quando o amor que está nascendo não é o primeiro amor, não é jovem nem inocente, mas fruto de dura experiência. *Cuidado*, o mundo nos alerta. *Não vá se ferir outra vez.* Mas fomos em frente, barcos contra a corrente. Algo muito forte havia entrado em nossa vida e nós dois sabíamos disso. Com o passar do tempo, ela conheceu meus amigos, eu os dela, e as ressalvas cessaram. Seis semanas, talvez, depois de meu desentendimento com a porta de vidro, fomos comer comida chinesa no centro da cidade, em Tribeca, com a mulher que era sua melhor amiga, a poeta Kamilah Aisha Moon, autora de dois volumes de poesia muito apreciados, *Starshine & Clay* e *She Has a Name*. Aisha, outra que usava o nome do meio, era mais velha e mais triste do que Eliza (e a chamava de Rachel), mas as duas eram tão próximas como irmãs. Ela e eu nos demos bastante bem e a noite foi agradável, cheia de risos. Então Eliza foi ao banheiro e Aisha imediatamente se inclinou, me olhou nos olhos e disse, com imensa seriedade: "É bom cuidar bem dela".

Comecei a descobrir que o mundo dos poetas era muito mais íntimo do que o mundo dos romancistas. Os poetas pareciam todos se conhecer, ler uns aos outros, passar tempo juntos, ir juntos a leituras e eventos. Poetas se telefonavam tarde da noite e fofocavam até de madrugada. Para um romancista sentado sozinho numa sala durante anos e que só de vez em quando põe a cabeça para fora do parapeito, os poetas pareciam inacreditavelmente gregários, como uma família ampliada, como uma comunidade. E dentro do círculo maior da comunidade dos poetas, o círculo de poetas negros era ainda mais unido e solidário. Como sabiam uns dos outros! Como se envolviam na obra do outro, como suas vidas se entrelaçavam! É claro que havia menos dinheiro na poesia do que na prosa (a menos que você fosse Maya Angelou, Amanda Gorman ou Rupi Kaur), e parecia que a "pequenez" econômica desse mundo gerava maior profundidade nas relações. Era invejável.

As jornadas através da fronteira entre a Poesialândia e a Prosaterra parece muitas vezes passar pelo Memoristão. Memórias, nesse momento literário, se tornaram uma forma artística maior, permitindo que nossas percepções do presente sejam remodeladas através das experiências de vida pessoais, do passado extraordinário dos memorialistas. (Um exemplo recente pode ser o *How to Say Babylon*, de Safiya Sinclair, um livro de memórias poderoso, lindamente escrito, sobre crescer na Jamaica e ter de romper com um tirânico pai rastafári.)

Eliza era diferente. Me disse que sempre quis ser romancista; quando começou a sonhar em ser escritora, esse era o seu sonho. A vida inteira tinha escrito ficção, mesmo antes de começar a escrever poesia de fato; mas agora, com cinco livros de poesia assinados por ela — quatro já publicados quando nos conhecemos, o quinto, *Seeing the Body*, a caminho —, estava na hora de a romancista entrar em cena.

Logo descobri que ela gozava de grande estima entre seus companheiros poetas. Porém, até certo ponto acreditava também na sabedoria convencional de que são poucos os poetas que atravessam com sucesso a ponte para o romance. (Eu considerava um fato absoluto que pouquíssimos romancistas atravessavam com sucesso para o mundo da poesia. Publiquei um poema em minha vida, e não é preciso dizer mais nada a respeito.) Então, quando Eliza me disse que tinha terminado o primeiro tratamento de seu romance de estreia, fiquei, digamos, nervoso.

Ela também ficou nervosa e durante algum tempo não quis que eu lesse o rascunho. Nós dois sabíamos que era quase impossível dois escritores viverem juntos a menos que gostassem do trabalho um do outro; e por "gostar" eu queria dizer "gostar de

verdade, amar até". Mas ela afinal me deu o texto e, para meu grande alívio, posso dizer sinceramente que fiquei impressionado. Logo depois disso, descobri que ela era também uma fotógrafa excepcional e grande dançarina, seus bolinhos de siri eram lendários e ela sabia cantar. Ninguém jamais quis me ouvir cantar ou me ver dançar, nem comer meus bolinhos de siri. Como uma pessoa que só sabe fazer uma coisa, fiquei assombrado com os múltiplos talentos dela. Ficou claro para mim que não era apenas um relacionamento entre iguais, mas sim uma relação na qual eu era de longe a parte menos igual. Melhor ainda: que não era uma relação competitiva, mas de apoio mútuo.
Felicidade.

Existe uma felicidade profunda que prefere a privacidade, que floresce longe dos olhos do público, que não exige a validação de ser conhecida: uma felicidade que existe apenas para as pessoas felizes, que é, em si mesma, *suficiente*. Eu estava farto de ter minha vida privada dissecada e julgada por estranhos, cansado com a malícia de línguas venenosas. Eliza era e ainda é uma pessoa muito reservada, cuja maior preocupação por estar comigo era de que talvez precisasse renunciar à sua privacidade e se ver banhada na ácida luz da publicidade. Eu tinha vivido tempo demais nesse brilho sem sombras e não desejava isso para ela. Não desejava isso para mim.

Algo estranho aconteceu à ideia de publicidade em nosso tempo surreal. Em vez de ser bem-vinda, parecia ter se tornado, para muitos no Ocidente, sobretudo os jovens, uma qualidade sem valor, efetivamente indesejável. Se uma coisa não se torna pública, ela não existe de fato. Seu cachorro, seu casamento, sua praia, seu bebê, seu jantar, o meme interessante que você acabou de ver, essas coisas precisam ser compartilhadas dia após dia.

Na Índia, a privacidade é um luxo dos ricos. Os pobres, que vivem em espaços pequenos e lotados, nunca estão sozinhos. Muitos indianos empobrecidos têm de realizar os atos mais privados, suas funções corporais, ao ar livre. Para ter um quarto privativo, é preciso ter dinheiro. (Acho que Virginia Woolf nunca foi à Índia, mas seu lema perdura, mesmo lá, mesmo para os homens.) Escassez cria demanda, e na maioria pobre do mundo, um quarto privativo — especialmente para as mulheres — ainda é algo muito desejado. Mas no Ocidente ganancioso, onde a *atenção* se tornou aquilo que é mais ansiado, a busca de *seguidores* e *likes* é a nova voracidade, a privacidade tornou-se desnecessária, indesejável, absurda até.

Eliza e eu decidimos ser pessoas discretas.

Isso não queria dizer manter em segredo nosso relacionamento. Minha família sabia, assim como a dela. Os amigos dela sabiam, assim como os meus. Jantávamos juntos, íamos ao teatro, torcíamos no estádio nos jogos dos Yankees, passeávamos por galerias de arte, dançávamos em concertos de rock. Em resumo, levávamos a vida comum dos nova-iorquinos. Mas nos mantínhamos longe das mídias sociais. Eu não lhe dava *likes* e ela não me dava *likes*. O resultado foi que, durante cinco anos, três meses e onze dias, ficamos quase completamente fora do alcance do radar.

Creio que mostramos que, mesmo neste tempo viciado em visibilidade, ainda era possível duas pessoas viverem, bem abertamente, uma vida privada e feliz.

Então veio a faca cortar essa vida.

Quando eu tinha vinte anos e estudava no King's College, em Cambridge, o eminente antropólogo Edmund Leach era o *provost* da faculdade (*provost* era a palavra que usávamos no King's para "presidente"). Nesse ano, 1967, ano do lendário Verão do Amor, das comunidades, de Haight-Ashbury e das flores no cabelo, Leach fez as prestigiadas Palestras Reith na rádio BBC. Elas ficaram notórias por uma frase. Que era assim: "A família, com sua estreita privacidade e seus segredos vergonhosos, é a fonte de todo o nosso descontentamento".

Mil novecentos e sessenta e sete não foi um bom ano para a ideia de família quando uma geração jovem, a minha, ou se ligou, sacou e se mandou, como recomendou Timothy Leary, ou, nos Estados Unidos, mesmo que não na Inglaterra, era recrutada e despachada para o Vietnam ao som de "I-Feel-Like-I'm-Fixin'-to-Die Rag" da banda Country Joe and the Fish ("Seja o primeiro do quarteirão a receber de volta seu filho num caixão"). Famílias se fragmentavam sob a influência coletiva de drogas psicodélicas, de protestos políticos e da "contracultura", para consternação dos conservadores em toda parte; portanto, a palestra do *provost* Leach, pronunciada no coração do establishment britânico, soava como um gesto subversivo, um chamado à revolução.

Quanto a mim, eu não me dava com meu pai, que tinha se tornado, entre outras coisas, um bêbado furioso. Minhas irmãs e eu sabíamos de suas explosões noturnas, mas nossa mãe fazia o possível para nos proteger delas. Sabíamos que era melhor evitá-lo à noite. Sabíamos que era melhor ficar quietos no café da manhã se ele estava com os olhos vermelhos. Mas só raramente, se tanto, havíamos sentido a força total de sua raiva regada a uísque. Então, em janeiro de 1961, fui de avião com ele para a Inglaterra, para começar a minha vida de colégio interno, e antes do começo das aulas passamos juntos vários dias em Londres. Dividíamos um quarto de hotel, e logo entendi que Johnnie Walker (Red Label) ia conviver conosco também.

Essas noites frias de janeiro no Cumberland Hotel foram traumáticas. Meu pai me sacudia para acordar de madrugada, quando ele e Johnnie tinham esvaziado a garrafa, e ele me atacava com uma linguagem que eu nunca tinha ouvido, palavras que eu nem desconfiava que meu pai soubesse, muito menos que usasse contra seu único filho homem e o mais velho. Quando me formei em Cambridge em 1968, ele não veio à cerimônia, nem comprou passagens de avião para minha mãe ou minhas irmãs, de forma que me vi sozinho com meu diploma no gramado do King's College em meio a alegres grupos familiares que comemoravam com meus colegas formandos.

A fonte de todos os nossos descontentamentos, pensei. É, de fato. Durante muito tempo depois de me formar não voltei para casa e escolhi fazer minha vida na Inglaterra. Por muito tempo depois disso, a vida familiar, ou melhor, encontrar estabilidade dentro dela, foi difícil para mim. Havia casamentos, divórcios. Meu pai morreu e durante a última semana de sua vida ocorreu uma importante, mas também breve, reconciliação afetiva. Porém este não é o lugar para penetrar demais nessas estritas privacidades ou escancarar qualquer segredo vergonhoso. Direi apenas que não seríamos quem somos hoje sem as calamidades de nossos ontens.

No momento em que encontrei Eliza, uma pequena família amorosa havia se solidificado em torno de mim: meus dois filhos, minha irmã, suas duas filhas e uma nova geração que começava a chegar. E todos gostaram de Eliza imediatamente. Eles não tinham sido tão entusiásticos a respeito de uma ou duas das mulheres que vieram antes dela. (Meu filho Milan é o tipo de jovem que fala o que pensa; "Pai", ele me disse uma vez, "você tem tantas amigas mulheres maravilhosas, são todas brilhantes, impressionantes e gosto mesmo delas." Depois de uma pausa cômica perfeitamente dosada: "Por que não sai com mulheres assim?".)

Mas, quando ele e todo o resto da família conheceram Eliza,

me disseram: "Finalmente". (Eliza então mandou estampar camisetas para mim com a palavra FINALMENTE.)

Conheci a família de Eliza — o pai, os três irmãos, seus parceiros — logo depois de uma triste perda, a morte da mãe de Eliza, Michele. Mas era uma família muito unida, amorosa, com uma ligação profunda entre eles, e amplamente talentosa sob vários aspectos. Eliza é a mais velha de quatro irmãos. Seu irmão, Chris, tornou-se sócio de um escritório de advocacia antes dos quarenta anos e hoje é o primeiro e único homem negro a ocupar um posto na Suprema Corte de Delaware; seu irmão Adam é um talentoso artista visual e autor de histórias em quadrinhos (*Washington White*); sua irmã Melissa trabalha com sucesso no mundo financeiro. O pai, Norman, agora aposentado, também foi advogado e teve uma bem-sucedida carreira política em sua cidade natal, Wilmington, Delaware, com várias reeleições.

Todos me receberam bem em sua vida. Norman disse a Eliza que nunca a tinha visto tão feliz e, se eu era a razão disso, então, para ele, era um bom relacionamento. Melissa sentia a mesma coisa. "Pare um pouco e observe como vocês parecem felizes", ela disse a Eliza. "Os dois estão indo muito bem."

A família dela gostou de mim! A minha gostou dela! Nossa felicidade estava fortemente enraizada na força que a família pode dar. Superei Edmund Leach. A família não era mais a fonte de meus descontentamentos.

Mas.

Seria possível, ou mesmo adequado ou ético, falar de felicidade em meio a uma pandemia? Nós dois pegamos covid-19 no começo, em março de 2020, e por sorte nos recuperamos logo. Não foi fácil. Para mim foi forte, depois para Eliza também, mas apesar de muito mal ela continuou cuidando de mim. Depois, ela me disse: "Houve momentos em que achei que não íamos sobreviver, e pensava: talvez seja o fim da história". Mas sobrevivemos.

Havia gente batendo panelas toda noite para comemorar a luta dos trabalhadores de saúde da linha de frente. Nós participamos também, por nossa sobrevivência.

Depois disso, o anjo exterminador batia em todas as portas. Na época, ninguém sabia como combater o vírus assassino. Médicos e enfermeiros trabalhavam dia e noite e morriam também. Hospitais eram lugares onde as pessoas iam para morrer. Quando o doente era entubado, quase não havia chance de retirar o respirador e ele sobreviver.

Em 12 de agosto de 2022, descobri como era ser entubado. Então ficou impossível não pensar na gigantesca tragédia da pandemia, tão maior do que a minha.

Eliza perdeu dois tios queridos para o coronavírus. Eu não perdi nenhum parente, mas um amigo querido foi embora, logo no começo, e muitos mais sobreviveram por pouco. Minha nora, Natalie, esposa de Zafar, ficou muito mal, foi hospitalizada e durante algum tempo pensamos que íamos perdê-la. Sua recuperação foi um imenso alívio, mas longa e demorada. E eu não pude ir a Londres para ver minha família, nem eles puderam viajar até Nova York para me ver durante dois anos, anos que pareceram séculos.

Morreram milhões de pessoas e eu aqui tagarelando sobre ser feliz? E, além da pandemia, um mundo em crise. Os Estados Unidos rasgado em dois pela direita radical, o Reino Unido em terrível confusão, a Índia a afundar depressa no autoritarismo, o próprio planeta em dificuldades, refugiados, fome, sede, e guerra na Ucrânia. Num momento histórico como esse, dizer "estou feliz" não era um luxo? Uma forma de cegueira voluntária, caprichosa, egoísta? Não era exatamente a culpa que sentia "Henry White", o personagem daquele meu conto inacabado: a felicidade como um privilégio, um comportamento inconsciente, mimado? Não era uma forma de virar as costas à realidade para cultivar cegamente o próprio jardim solipsista? Que direito tinha alguém de falar de uma verdadeira felicidade em nosso mundo de infelicidade quase terminal?

E, no entanto, o coração sabia o que sabia e insistia.

Em 1º de maio de 2021, Eliza e eu estávamos comemorando nosso quarto aniversário. A continuação da pandemia limitava o que podíamos fazer. Resolvemos nos isolar brevemente em um hotel que dava para o parque. Nos presentearam com um upgrade para uma suíte no 25º andar, de forma que a vista era espetacular. Depois do jantar, ela me lembrou, hesitante, que meses antes eu havia perguntado que tamanho de anel ela usava. Teria sido apenas para minha informação geral, ela se perguntava, ou, depois de quatro anos, haveria um efetivo propósito naquilo?

"Espere um pouco", disse eu, me pus de pé e fui ao banheiro. "Já volto."

Minha saída inexplicável junto com a ausência de expressão em meu rosto a preocuparam. *Será que tinha sido um passo em falso?*, ela pensou. Então eu voltei e entreguei a ela uma caixinha roxa e disse que era a resposta à sua pergunta. Foi uma das poucas vezes em que a peguei inteiramente de surpresa.

Foi assim que ficamos noivos, no alto do céu acima do Central Park, e qualquer que fosse o estado em que estava o mundo, ninguém podia nos dizer que não éramos as pessoas mais felizes.

"Você é a minha pessoa", ela disse.

"Você é a minha pessoa", repliquei.

Como fazer um casamento privado numa era de privacidade zero: (1) não se casar na cidade de Nova York. (2) Casar-se em Wilmington, Delaware, onde Eliza foi criada e ninguém reconhece seu nome. Quando fomos tirar a licença, a senhora que atendia anotou meu nome sem nem uma piscada de reconhecimento. Tive de soletrar letra por letra. (3) Convidar seus amigos para um bom almoço e pedir a eles "sem mídias sociais".

Foi isso.

Nos casamos no dia 24 de setembro de 2021, e todos os nossos amigos e família sabiam, mas ficamos longe dos olhos do público e assim permanecemos por quase um ano, e nossa privacidade provavelmente continuaria se não fosse a faca.

Foi um lindo dia. O clima, nossos amigos, a cerimônia, a alegria. Juntamos nossas duas tradições, trocamos colares de flores (indiana) e pulamos por cima de um cabo de vassoura (afro-americana). Ela falou liricamente para mim, sendo a poesia seu superpoder, e para ficar à altura da ocasião incluí em minhas palavras mais prosaicas para ela o poema de e.e. cummings "trago seu coração comigo (trago dentro)":

eu trago seu coração comigo (trago dentro
do meu coração) nunca estou sem ele (onde
quer que eu vá, você vai, meu bem; e o que for feito por mim
é você quem faz, minha querida)
eu não temo
o destino (porque você é meu destino, doce) não quero
o mundo (porque linda você é o meu mundo, meu, verdadeiro)
e você é o que a lua sempre foi
e o que o sol cantar será você
cá está o segredo mais profundo que ninguém conhece
(aqui a raiz da raiz e a flor da flor
e o céu do céu de uma árvore chamada vida; que cresce
mais alto do que a alma pode esperar ou a mente esconder)
e essa é a maravilha que sustenta as estrelas
eu trago seu coração (trago seu coração dentro do meu coração)

Minha família não foi ao casamento, porque na época os Estados Unidos não permitiam estrangeiros no país por causa do coronavírus. Levamos um laptop à cerimônia, o colocamos num lugar bem escolhido, e eles puderam assistir em Londres, numa coisa nova chamada Zoom, que tinha se tornado tão essencial. Amigos e familiares falaram, engraçados e tocantes. A poeta-irmã de Eliza, Aracelis Girmay, leu uma colagem feita de muitos poemas. Depois daquilo que Hemingway teria chamado de um bom almoço (comemos com gratidão e foi bom), nós fomos para os deslumbrantes Marian Coffin Garden, na área de uma grande casa chamada Gibraltar que agora estava vazia e decadente — nós éramos Eliza, eu e a família dela, junto com um fotógrafo e seu assistente —, fazer as imagens do dia do casamento. Dois dias depois, fomos para Londres e fizemos uma pequena comemoração pós-casamento para a família e os amigos chegados daquele lado do oceano. A sensação é de que era o começo do resto de minha vida.

Mas a tragédia estava à nossa espera, a menos de um ano no futuro.

Milão, Sardenha, Capri, Amalfi, Roma, Úmbria. O verão de 2022. Depois do longo retiro pandêmico, a Itália parecia um milagre que nos envolvia no quente abraço de um velho amigo. Muito quente, na verdade. Mas a Itália renova a gente. Leva embora as nossas partes velhas e nascem outras, frescas e novas, para preencher o espaço. A Itália era um sorriso e uma festa. A Itália era música. Passamos um mês lá. Em Milão, jantamos num velho refúgio meu, o restaurante Rigolo no bairro de Brera, e foi gostoso ser lembrado pelos donos. Na Sardenha, comemorei meu aniversário de 75 anos na casa de amigos queridos, numa paisagem rochosa que me lembrava o universo do romance que eu havia terminado recentemente, e nosso anfitrião, Steve Murphy, me deu de presente de aniversário cantar para mim uma das minhas canções favoritas de Dylan, "Love Minus Zero/ No Limit", acompanhando a si mesmo no violão na noite estrelada. Em Amalfi e Ravello, mais velhos amigos, Alba e Francesco Clemente, e a noite no Festival de Sant'Andrea. Em 1544, o santo invocou uma tormenta que destruiu a frota sarracena que tinha vindo conquistar a cidade, e ainda era o santo patrono dos pescadores locais. Primeiro, os homens trouxeram para a beira d'água a imagem do santo em seu andor para abençoar os barcos. Depois o conduziram pelas ruas e por fim subiram a íngreme escadaria da catedral com o andor sobre os ombros; um passo em falso e seria um desastre, mas não houve passo em falso. Após a procissão, houve fogos de artifício, aos quais assistimos do terraço da casa de Alba no alto do morro acima da praça da cidade, e parecia que as incríveis explosões estavam bem na nossa frente. Em Roma, estava quase quente demais para se mover, e comprei um leque para Eliza (em Milão tinha comprado uma bolsa para ela). Na Úmbria, ficamos no famoso retiro de escritores Civitella Ranieri, instalado num castelo do século XV pertencente à família Ranieri. Eles tinham outro castelo, no qual moravam, de forma que era o segundo melhor castelo deles, o castelo sobressalente, mas que estava mais do que bom para nós. Fizemos ali um bom trabalho e muitos amigos novos. Durante os dias escrevíamos e à noite havia comida, vinho bom e conversas profundas noite adentro. Joguei pingue-pongue com escritores que tinham metade da minha idade e não passei vergonha. Um dia, visitamos Arezzo, procuramos os afrescos de Piero della Francesca e prestamos nossos respeitos à estátua de Guido d'Arezzo, que inventou o moderno sistema de notação musical, a pauta, as claves e todo o resto. Corrigi as provas de *Cidade da vitória* e foi bom.

Voltamos para os Estados Unidos e nos separamos desse belo abraço porque Eliza tinha criado fotografias e um vídeo como parte do ambiente visual de *Castor and Patience*, uma ópera nova composta por Gregory Spears com libreto da amiga de Eliza, a poeta Tracy K. Smith. A ópera teria sua première em Cincinnati na quinta-feira, 21 de julho. Cincinnati depois de um castelo italiano era uma mudança de ritmo bem radical, mas a estreia foi bem e o trabalho de Eliza, elogiado.

Depois disso, restavam mais vinte dias de nossa antiga vida. Comecei a planejar uma viagem a Londres para ver minha família. Na quinta-feira, 28 de julho, fiz algumas correções finais de última hora em *Cidade da vitória* e o livro estava pronto para a impressão. Vimos alguns amigos. Na terça, 9 de agosto, lemos que Serena Williams planejava se aposentar depois do U.S. Open. *Fim de uma era*, pensamos, como todo mundo. Nessa noite, tive o sonho do ataque do gladiador. Na quarta-feira, 10 de agosto, fomos jantar juntos num restaurante italiano chamado Al Coro.

As pequenas coisas da vida cotidiana.

Então, na manhã de quinta-feira, 11 de agosto, peguei o avião para Buffalo no JFK e uma linda senhora chamada Sandra me levou de carro pela margem do lago Erie até Chautauqua.

Nosso plano era que Eliza visitaria sua família em Delaware e eu passaria uma semana em Londres para ver a minha. Mas ela resolveu ficar em Nova York e me fazer uma surpresa quando eu voltasse de Chautauqua para passarmos uma noite juntos antes de nos separarmos para o momento familiar. Nesse meio-tempo, em Londres, meus filhos Zafar e Milan, minha irmã Samin e minhas sobrinhas Maya e Mishka estavam animados com minha iminente chegada, e Zafar disse à sua filha que ainda não tinha dois anos, Rose, que ela ia conhecer o vovô e que ele iria assistir à aula de natação dela para vê-la espadanando na água. Meus editores da Random House tinham marcado uma reunião por Zoom comigo logo depois de minha chegada para acertar detalhes do lançamento de meu livro. Tudo parecia muito bem.

Então, o mundo explodiu.

Safiya Sinclair, amiga de Eliza, telefonou para ela no meio da manhã, com a voz trêmula, para saber se ela estava bem. Foi assim que Eliza soube que eu tinha sido atacado. Depois, gritou com a televisão quando a linha inferior da tela da CNN confirmou a notícia. Durante um tempo que pareceu eterno, houve poucas informações detalhadas ou confiáveis. O telefone não parava de tocar. Rumores tomaram o lugar dos fatos e aumentavam sua agonia. Eu estava morto. Tinha sido espancado, mas não morto. Tinha me levantado e deixado o palco caminhando.

Na distante Londres, que de repente parecia mais distante que nunca, como se o oceano Atlântico tivesse ficado mais largo em um instante, minha família também procurava desesperadamente as notícias, o horror no rosto de todos. Ligavam para Eliza e ela respondia às ligações e ninguém parecia ter certeza de nada. As fontes da mídia de Zafar não eram claras, de início. Eu tinha sido esfaqueado cinco vezes, dez vezes. Não, eu estava bem. Não, eu tinha levado quinze facadas. Era o fim da tarde em Londres, caminhando para o anoitecer, e enquanto muitos dos meus familiares se reuniam na casa de Samin, só para estarem juntos, lentamente a verdade chegou.

Tinham me levado para o hospital mais próximo. Parecia haver muito pouca chance de sobrevivência. As próximas 24 horas seriam decisivas.

Em Nova York, Eliza tentava encontrar o jeito mais rápido de chegar aonde eu estava. Seu telefone explodia. Era tudo um pandemônio.

Alguém, que depois ela não conseguiu lembrar quem era,

ligou e disse que era melhor ela se apressar porque eu não ia resistir. O mundo dela estava se desintegrando. A vida afetiva que tínhamos construído nos últimos cinco anos chegava a um final violento. O pesadelo atravessou a fronteira entre sonho e realidade e se concretizou. Sua imagem do mundo estava estilhaçada e jazia em cacos a seus pés.

Em seu grande livro *É isto um homem?*, Primo Levi nos conta que "felicidade completa é irrealizável", mas ele propõe que a infelicidade perfeita também é irrealizável. Naquele momento, Eliza teria dito que ele estava errado. A infelicidade completa era como se chamava o país onde ela agora vivia.

Ela falou com nossos agentes literários, Andrew Wylie e Jim Auh. Andrew estava chorando. Éramos amigos havia 36 anos e, no furacão que me atingiu depois da publicação de *Os versos satânicos* e da *fatwa* de Khomeini, ele tinha sido o meu aliado mais forte e mais leal. Enfrentamos juntos aquela guerra e agora isto? Ele não conseguia suportar. Mas o momento era para ação, não para lágrimas. "Você tem de ir para lá imediatamente", disseram a Eliza. Por terra, levaria ao menos sete horas. Ela não tinha sete horas. A solução era um avião.

Não somos o tipo de gente que aluga aviões particulares. Não temos dinheiro para tanto. Mas naquela hora dinheiro não era importante. Tudo o que importava era chegar lá. Use o cartão Amex e pense em dinheiro depois. Andrew e Jin encontraram um avião para Eliza. Estava à espera em White Plains, Nova York. Ia custar 20 mil dólares. Não importa.

"Vá", disseram eles.

Ela foi e sua irmã, Melissa, e o marido de Melissa, Eumir Brown, um atencioso professor do Brooklyn, foram com ela. E durante toda a viagem ela carregou o peso das palavras que tinha ouvido pelo telefone: *Ele não vai resistir,* palavras para as quais não havia consolo possível.

Nesse meio-tempo, em Washington, D. C., seu irmão Adam e o marido dele, Jeff Leasure, saltaram para o carro e começaram a viagem para noroeste, na direção do Erie, o mais rápido que podiam. E em Wilmington, seu irmão Chris também correu para seu carro e seguiu o mais depressa possível.

Era assim que a família reagia. Eliza (que era Rachel para eles) era amada pela família, claro. Mas agora eu também era da família e eles estariam lá por mim assim como por ela.

A Polícia Estadual de Nova York ligou para ela. A Polícia Estadual da Pensilvânia ligou para ela. De helicóptero me levaram pela fronteira estadual até o Hamot UPMC, a 56 quilômetros de Chautauqua no Erie, Pensilvânia, "único centro de traumatologia licenciado na região do Erie", segundo as informações on-line e, portanto, o único local que oferecia minha única chance de sobrevivência.

Ele não vai resistir.

Quando o avião pousou, havia veículos de segurança por todo lado. A notícia já voava em todas as ondas do mundo. Tinham ordenado uma operação de máxima segurança no aeroporto e no hospital. Puseram Eliza, Melissa e Eumir em um carro de polícia e levaram até o Hamot. No carro, ninguém falou muito. *Não querem me contar que ele morreu,* Eliza pensava. *Estão me levando para ver o corpo morto de meu marido.*

Eu não estava morto. Estava em cirurgia, com múltiplos cirurgiões trabalhando simultaneamente em diferentes partes atingidas. O pescoço, o olho direito, a mão esquerda, o fígado, o abdome. Os cortes em meu rosto — testa, bochechas e boca — e no peito. A cirurgia levou algo como oito horas. Ao final, eu estava entubado com um respirador, mas não morto.

Estava vivo.

Um ano depois, minha nora, Natalie, me mandou notas que havia escrito poucas semanas depois do ataque, sobre as primeiras 24 horas. Quando Zafar ouviu a notícia, disse ela, pareceu abalado. "Mudou alguma coisa dentro dele." Por volta da meia-noite em Londres, Eliza telefonou do hospital para eles. Ela estava com o médico e pôs o telefone no viva-voz. O médico disse a eles que estivessem preparados para o pior, uma vez que era pequena a chance de minha sobrevivência. Enquanto ele descrevia meus ferimentos, Natalie ouviu Eliza uivar de dor. *Não, por favor, não.* Zafar chorou a noite inteira. "Parecia uma criança que queria abraçar o pai", Natalie escreveu. "Ele sabia que, se dormisse, seu pai podia não estar mais aqui quando acordasse." Mas, no dia seguinte, Eliza telefonou de novo. Eu estava acordado e alerta, embora ainda entubado. Ela pôs o telefone junto ao meu ouvido, de forma que Zafar pode dizer que me amava. Eu ouvi e mexi os dedos dos pés, e quando Eliza contou para ele, meu filho chorou lágrimas de alegria.

Mais tarde, ficamos sabendo que o A. estava preso no Presídio do Condado de Chautauqua, sem direito a fiança. Mais tarde ainda, Eliza e eu encontramos Sherri, agente do FBI que veio me visitar no quarto do hospital e me garantiu que os policiais federais estavam trabalhando "dia e noite" no caso, com o objetivo de abrir um inquérito de terrorismo também. Os federais e a Polícia Estadual vieram pedir que eu desse um depoimento e disseram ter ficado impressionados com minha memória. Provavelmente estavam sendo gentis. Mais tarde ainda, ficamos sabendo que tinham encontrado "30 mil indícios" no porão dele em Nova Jersey — todos os itens em seu laptop, todos os textos e e-mails, conforme presumimos. Tudo parecia muito abstrato para nós, para mim. A questão daqueles primeiros dias era simples: sobrevivência. *Viver. Viver.*

3. Hamot

Quando recobrei a consciência, eu tinha visões. Eram arquitetônicas. Eu via palácios majestosos e outros edifícios grandiosos que eram todos construídos com alfabetos. Os tijolos dessas fantásticas estruturas eram letras, como se o mundo fosse palavras, criadas a partir do mesmo material básico da língua e da poesia. Não havia uma diferença essencial entre as coisas feitas com letras e as histórias, que eram feitas da mesma matéria. A essência delas era a mesma. As visões invocavam paredes externas, grandes salões, altas cúpulas que eram ao mesmo tempo luxuosas e austeras, um Sheesh Mahal mongol de ladrilhos de espelho aqui, e ali um lugar de paredes de pedra com pequenas janelas gradeadas. O meu cérebro inquieto me manifestava algo como a Hagia Sophia de Istambul e A Alhambra e Versailles; algo como Fatehpur Sikri e o Forte Vermelho de Agra, e o palácio do lago de Udaipur; mas também uma versão mais sombria do El Escorial da Espanha, ameaçador, puritano, mais um pesadelo do que um sonho. Quando eu olhava de perto, os alfabetos estavam sempre presentes, alfabetos espelhados cintilantes e duras letras de pedra, tijolos-alfabeto e letras-tesouro de diamante e ouro. Depois de algum tempo, entendi que eu estava de olhos fechados. Ainda pensava em meus olhos no plural nesse momento.

 Abri os olhos, só o olho esquerdo, como semientendi; o olho direito estava coberto com uma bandagem macia, mas as visões não desapareceram, tornaram-se mais fantasmagóricas, translúcidas, e comecei a tomar consciência de minha real situação. A primeira descoberta, mais impositiva, menos confortável, era o respirador. Mas ali estava ele. E, embora minha cabeça ainda estivesse muito enevoada, me lembrei dos primeiros dias da pandemia, nos quais muito pouca gente saía do respirador e vivia.

 Eu não conseguia falar. Mas havia pessoas sentadas em meu quarto. Cinco, talvez seis pessoas. Naquele momento, eu não era bom com números. Havia letras flutuando no ar entre mim e elas. Talvez elas, as pessoas, não existissem. Talvez fossem também alucinações. Eu estava sob o efeito de poderosos analgésicos. Fentanil, morfina. Eram eles a causa provável das alucinações com alfabetos. Talvez fossem também a causa daqueles fantasmas no quarto.

 Não eram fantasmas. Eram Eliza, Melissa, Eumir, Chris, Adam e Jeff. Pelo ar, por terra, tinham chegado a tempo de me ver acordar. Eu estava sem óculos, tinham se quebrado durante o ataque ou talvez durante o frenesi que se seguiu, de forma que as pessoas estavam fora de foco, o que talvez fosse até melhor, porque assim eu não via as expressões tristes no rosto delas. Elas olhavam para o que eu não conseguia ver: eu. A faca tinha feito cortes no meu pescoço e na bochecha direita e eles podiam observar os dois lados dos cortes presos com grampos metálicos. Havia um longo talho horizontal de lado a lado do meu pescoço, abaixo do queixo, e isso também estava pregado com grampos. Elas podiam ver que toda a área do pescoço estava grotescamente inchada e escura de sangue. Podiam ver que o sangue seco da ferida na mão esquerda era muito semelhante a estigmas. Havia bandagens em torno da ferida e a mão estava presa com rigidez numa tala. E, quando a enfermeira entrou e cuidou de meu olho arruinado, Eliza e os outros viram o que parecia um efeito especial de cinema, o olho imensamente distendido, para fora da órbita, pendurado sobre a face como um grande ovo cozido. O inchaço era tanto que os médicos não sabiam nem se eu ainda tinha pálpebra (tinha). Eliza e os outros viam o tubo do respirador em minha boca e ninguém sabia dizer quando, ou se, ele seria removido. As feridas do peito estavam cobertas, mas todos sabiam que meu fígado fora comprometido e que uma porção do intestino delgado tivera de ser removida. Disseram-lhes que o coração havia sido "tocado". Eles não sabiam se eu ia viver ou, se vivesse, qual seria o meu estado futuro. Tudo isso estava no rosto deles, mas estavam borrados. Em meu estado de semiconsciência, anestesiado, eu apenas me contentava que estivessem ali.

(Durante muitas semanas, Eliza não permitiu que eu olhasse no espelho, de forma que eu não fazia ideia do quanto estava horrível. Médicos e enfermeiras vinham me examinar e diziam: "O senhor está muito melhor", e eu acreditava em suas mentiras, porque queria acreditar. No meio da noite na ala de traumatologia do UPMC Hamot, ouvindo os uivos noturnos de moribundos em outros quartos, a maior questão, vida ou morte?, pairava no ar e não havia uma resposta clara.)

Eliza estava ao meu lado, recusava-se a me deixar ver sua dor ou medo, sabendo que tinha de ser amorosa e forte para mim. Dizia: "Mexa o pé se está me entendendo". Quando eu não mexia o pé, ela quase entrava em desespero. Talvez a faca, que foi tão fundo em meu olho, até o nervo óptico, tivesse danificado meu cérebro também. Pouco depois, quando eu estava menos tonto e era capaz de entender o que esperavam de mim, comecei a mexer o pé, uma vez para sim, duas para não, e mesmo naquele estado enevoado conseguia sentir ondas de alívio percorrerem o quarto. Agora que sabiam que eu era capaz de entender, podiam conversar comigo. Eumir veio se sentar perto de minha cabeça e disse que queria ler uma coisa para mim. Era a declaração do presidente Biden a respeito do ataque. Eumir leu devagar e delicadamente junto ao meu ouvido:

Jill e eu ficamos chocados e entristecidos ao saber do perverso ataque a Salman Rushdie ontem em Nova York. Nós, ao lado de todos os norte-americanos e povos de todo o mundo, oramos por sua saúde e recuperação. Agradeço aos que primeiro o atenderam e aos valentes indivíduos que entraram em ação para prestar socorro a Rushdie e dominar o agressor.

Salman Rushdie, com seu insight da humanidade, com sua inigualável percepção da história, com sua recusa a ser intimidado e silenciado, representa ideais essenciais e universais. Verdade. Coragem. Resiliência. A capacidade de compartilhar ideias sem medo. São essas as peças fundamentais de qualquer sociedade livre e aberta. E hoje reafirmamos nosso compromisso com os valores profundamente americanos em solidariedade a Rushdie e a todos os que defendem a liberdade de expressão.

Quando a morte chega muito perto da gente, o resto do mundo se afasta e sente-se uma grande solidão. Nessa hora, palavras gentis nos confortam e fortalecem. Fazem você sentir que não está sozinho, que talvez não tenha vivido e trabalhado em vão. Ao longo das 24 horas seguintes, tomei consciência de quanto amor vinha em minha direção, uma avalanche de horror, apoio e admiração. Assim como a mensagem do presidente Biden, vieram palavras fortes do presidente Macron, da França. "Durante 33 anos, Salman Rushdie encarnou a liberdade e a luta contra o obscurantismo. Ele acaba de ser vítima de um covarde ataque das forças do ódio e da barbárie. Sua luta é a nossa luta; é universal. Agora, mais do que nunca, estamos ao seu lado." Vieram diversas manifestações similares de outros líderes mundiais. Até mesmo Boris Johnson, então primeiro-ministro britânico, que antes escrevera um artigo dizendo que eu não merecia o título de Sir que recebi em junho de 2007 "por serviços prestados à literatura" porque não era um escritor bom o suficiente, agora me enviava relutantes clichês. Só a Índia, país de meu nascimento e de minha mais profunda inspiração, não encontrou palavras naquele dia. E soaram, inevitavelmente, vozes que expressavam prazer pelo que havia acontecido. Se transformam você em um objeto de ódio, haverá pessoas que te odeiam. Isso era verdade havia 34 anos.

Amigos me mandavam mensagens de texto para meu celular, mesmo sabendo que eu não conseguiria ler. Amigos mandavam e-mails e deixavam mensagens de voz embora soubessem que eram inúteis. Postavam mensagens para mim no Facebook e no Instagram. *Por favor, por favor, fique bem.*

A última coisa que postei no Instagram foi a minha foto da lua cheia sobre o lago Chautauqua, tirada na noite de véspera do ataque. "Pensando em você", escreveram dezenas de pessoas nos comentários. "Pensando em você com velas acesas no deserto." "Você é amado e necessário para muitos, próximos e distantes. Estamos todos torcendo por você." "Confiando que sua força na adversidade se mostre mais uma vez um superpoder." "Devastado." "Que as estrelas se alinhem para protegê-lo, mesmo que a lua não tenha protegido." "Fique bem fique bem, melhore sare logo". "Nós te amamos." "Nós te amamos." "Nós te amamos."

Muitas pessoas disseram estar rezando por mim. Mesmo sabendo que eu era um maldito sem deus.

"Achei que você ia morrer", disse minha amiga, a artista plástica Taryn Simon, muito depois. "Nós todos pensamos que você ia morrer. Achei que eu tinha perdido você. Foi o sentimento mais pesado de toda a minha vida."

E depois a reação das pessoas comuns, leitores, não leitores, pessoas que eu não conhecia, pessoas simplesmente horrorizadas com uma coisa ruim. Samin leu para mim algumas dessas mensagens pelo telefone desde Londres, antes de tomar um avião para os Estados Unidos. Eu ainda não estava bom o bastante para avaliar claramente a escala do que acontecia fora do meu quarto de hospital, mas sentia. Sempre acreditei que o amor é uma força, que sua forma mais potente é capaz de mover montanhas. Que pode mudar o mundo.

Entendi que a estranheza de minha vida tinha me colocado no centro de uma batalha entre aquilo que o presidente Macron chamou de "ódio e barbárie" e o poder de cura, unificação e inspiração do amor. A mulher que eu amava e que me amava estava ao meu lado. Nós íamos vencer essa batalha. Eu ia viver.

Por enquanto, aquele quarto era o mundo e o mundo era um jogo mortal. Para escapar do jogo e voltar a uma realidade mais ampla e conhecida, eu teria de passar por uma série de provas, tanto físicas como morais, como os heróis das mitologias de todo o mundo. Minha saúde, minha vida, era o Velocino de Ouro para o qual eu tentava navegar. O *Argo*, nessa versão, era uma cama e o quarto era o mar, e o mar era o mundo perigoso.

A certa altura daquelas 24 horas depois da cirurgia, quando minha vida estava em risco, tive um sonho com Ingmar Bergman. Para ser específico, aquela famosa cena de *O sétimo selo*, em que o Cavaleiro, no caminho de volta das Cruzadas, joga uma última partida de xadrez com a Morte, para retardar o máximo possível o inevitável xeque-mate. Aquele era eu. Eu era o Cavaleiro. E meu

jogo de xadrez tinha se deteriorado agudamente desde meus tempos de faculdade.
O centro de traumatologia do Hamot não era um lugar tranquilo. Devido à minha presença, o hospital foi posto em regime de segurança total, com muitos guardas de patrulha. Se Eliza queria comer um sanduíche na cantina, um guarda tinha de acompanhá-la. Mas aqui, na zona de trauma extremo, as coisas eram uma agonia descontrolada. Havia grandes gritos exigindo medicação em um quarto próximo, e, em outro quarto, gritos de alguém para quem os cuidados médicos tinham chegado tarde demais. Às vezes, havia choro. E Eliza, ao passar pelos corredores diante dos quartos dos moribundos, não podia deixar de se perguntar se aquele não seria igualmente o meu destino. *Será que vão colocar meu marido em um saco para cadáver também?*

Quase aconteceu. Mais tarde, quando ficou claro que eu ia sobreviver, o alívio dos médicos era evidente. "Quando trouxeram você do helicóptero", disse um membro da equipe de cirurgia, "achamos que não íamos conseguir te salvar."

Eles me salvaram, mas foi por pouco.

Um outro médico me disse: "Sabe qual foi a sua sorte? Sua sorte foi que o homem que te atacou não tinha a menor ideia de como matar um homem com uma faca".

Um rápido flash de memória daquela silhueta vestida de preto, a cortar loucamente e errando por pouco. Mas também quase conseguindo. Meu tolo, furioso A.

Na tarde de 13 de agosto, resolveram remover a entubação. Saiu aquela cauda de tatu e foi tão confortável como soa. Mas então, boas notícias, eu consegui respirar sozinho. Podia abrir a boca e saíam palavras.

"Consigo falar", eu disse.

Foi o começo da reação. Para Eliza, foi o começo da esperança. Eu estava vivo, conseguia respirar, e todo o resto voltaria com o tempo. (Nos recusamos a pensar *talvez*. Recusamos totalmente o talvez. Não haveria talvez. Havia apenas sim.)

Eliza não me deixava sozinho no quarto de traumatologia. Os outros ficaram algumas noites em um hotel local antes de retomar a vida interrompida. Meu filho Zafar veio de Londres e, uns dias depois, Samin chegou. Eles também ficaram em quartos no hotel. Mas Eliza ficou comigo. Não era fácil. Disseram a ela que o hospital ficava num bairro perigoso. Não era seguro para ela sair sozinha, mesmo apenas uns quarteirões até uma loja da Walgreens para comprar provisões.

Havia um banco acolchoado que ela usava como cama. Com certeza era muito incômodo, mas foi então que Eliza entrou no modo super-herói. Não demonstrou nem tristeza, nem medo, nem exaustão, nem estresse, mas apenas amor e força. No momento de minha maior fraqueza, ela se tornou a minha, a nossa, rocha inquebrantável. Todos que chegavam mais perto tinham de responder a ela — os médicos tinham de explicar suas decisões, as enfermeiras precisavam descrever o que iam fazer para cuidar de mim, policiais estaduais de Nova York e da Pensilvânia, assim como o agente do FBI, que vinham me ver tinham de passar por ela.

Ela decidiu checar se as minhas despesas hospitalares seriam cobertas pelo meu plano de saúde da NYU. Entrou em contato com a vice-reitora da Faculdade de Artes e Ciências, uma mulher muito atenciosa que garantiu que o seguro faria tudo o que fosse necessário. Eliza já tinha começado a planejar nossa volta para Nova York. Quanto custaria uma ambulância? Seria coberta pelo plano? (Não. Aquilo era pedir demais.) Bem, então. Havia algum avião que pudéssemos pedir emprestado? Por acaso, conhecíamos de fato algumas pessoas que possuíam aviões, pessoas que não eram do mundo literário, e conhecíamos também uma ou duas pessoas que tinham acesso a uma ou duas pessoas que possuíam aviões e pelo menos três delas nos ofereceram gentilmente seus aviões. Mas no fim essa opção se revelou muito complicada. Onde estavam os aviões? Poderiam chegar até nós quando precisássemos deles? Tinham equipamento médico? Poderiam acomodar os suprimentos médicos de emergência necessários para a viagem, mais um médico que teria de nos acompanhar, mais o pessoal da segurança? E também... Eu não queria me sentir comprometido com ninguém, por mais generoso que fosse. Resolvemos fazer o que estava dentro de nossas condições. Iríamos por terra. Eliza encontrou no sistema do Hamot a pessoa que podia nos ajudar a reservar uma ambulância e descobrir que pessoas precisaríamos que viajassem nela conosco. Eliza começou a falar com a polícia. Quase imediatamente, a Polícia Estadual da Pensilvânia concordou em nos escoltar até a divisa estadual e a Polícia do estado de Nova York concordou em nos encontrar lá e nos acompanhar até a cidade de Nova York. Em Manhattan, me levariam ao lugar de reabilitação com o qual Eliza estava conversando: Rusk Rehabilitation, parte do sistema hospitalar Langone da NYU e um dos mais conceituados hospitais de reabilitação no país. Ela se certificou de que o Rusk tivesse vaga, reservasse o quarto e o tivesse pronto quando precisássemos.

"Quando precisássemos" estava ainda duas semanas à frente. Mas Eliza estava cuidando do caso.

A meia-noite do dia 14 para 15 de agosto tinha um sentido especial para mim. Era o momento em que, em 1947, a Índia obteve independência do domínio britânico. Era também o momento em que nascera o meu personagem de ficção Salim Sinai, anti-herói e narrador de *Os filhos da meia-noite*. Eu tinha o costume de chamar o Dia da Independência Indiana de "aniversário de Salim". Mas nesse ano o Dia da Independência adquiriu um sentido mais pessoal.

Segunda-feira, 15 de agosto, foi o Terceiro Dia. O dia em que ficou claro que eu continuaria vivo. Digamos: eu continuaria livre para viver. Que era a liberdade que, naquele momento, mais me interessava.

Meu cérebro tinha começado a funcionar outra vez. Fiz duas ressonâncias que demonstraram que não havia nenhum dano, portanto, meu cérebro não tinha desculpa para não funcionar. Essa foi talvez a maior sorte: a lâmina que penetrou tão fundo só por um milímetro não eliminou minhas capacidades mentais, o que queria dizer que, ao me recuperar, eu continuaria sendo eu.

Estavam me desmamando dos analgésicos realmente poderosos (quando se tem a vida salva por milagre, ninguém quer acabar como viciado em opioides) e por isso as visões haviam cessado, o que eu lamentei. Tinha começado a gostar dos meus palácios de alfabeto e das letras douradas flutuando no ar.

"Temos de documentar isso." Foi talvez o meu primeiro pensamento coerente. Eu não tinha certeza de como Eliza ia reagir à ideia, mas ela concordou de imediato, com ênfase. "É simplesmente uma coisa maior do que eu", eu disse. "É sobre uma questão mais ampla."

O que eu queria dizer, claro, era a liberdade, qualquer que fosse o sentido dessa palavra tão batida. Mas eu queria também pensar em milagres, na irrupção do milagroso na vida de alguém que não acreditava que existia o milagroso, mas que mesmo assim passara a vida inteira criando mundos imaginários no quais ele existia. O milagroso, assim como A. e sua vítima, tinha atravessado a divisa de estado. Tinha viajado da Ficção para o Fato.

Eliza mandou buscar seu equipamento de câmera. Chegaria de Nova York em dois dias, de forma que no Quinto Dia poderíamos começar a documentar meu estado físico, minha recuperação, meus pensamentos sobre o ataque, sobre meu trabalho, minhas ideias e o mundo. Eliza era uma fotógrafa e videógrafa talentosa (além de romancista e poeta: às vezes penso que não há limites para suas capacidades), portanto não precisaríamos de ajuda externa. Seria uma coisa que faríamos juntos. Seria um desafio à morte e uma celebração da vida e do amor, mas também, mais prosaicamente, seria como olhar direto para os danos.

Mesmo antes de chegarem as câmeras, começamos a gravar conversas no celular dela.

Como está se sentindo hoje, meu bem? Como está, querido? Hoje é o Quarto Dia depois que nossa vida foi alterada para sempre.

Sabe... tem altos e baixos. Mas estou cercado pelos que amo. Essencialmente você. De forma que eu consigo.

Nós vamos sair dessa. Temos mais histórias para contar. E o que temos é a maior de todas as histórias, que é o amor.

Está certo.

Hoje é mais um dia bom. Um dia bom para nós, juntos.

Graças a você. Você está fazendo tudo sozinha.

Você fez o mais importante. Não morreu.

Pobre do meu terno Ralph Lauren.

A gente compra outro. Vamos entrar na loja Ralph Lauren e dizer: tragam um terno para este homem.

Quem sabe eles me dão um terno.

Como está a sua mão, querido?

Pesada. Parece que tem uma mão extra pendurada no meu braço.

Eu te amo. Nós vamos sair dessa.

Eu também te amo.

Eu não tinha condições de falar sobre liberdade. Era uma palavra que se transformara em um campo minado. Desde que os conservadores começaram a se sentir donos dela (*Freedom Tower*, *freedom fries*), liberais e progressistas começaram a recuar dela em busca de novas definições do bem social, segundo as quais as pessoas não poderiam mais questionar as novas normas. Proteger os direitos de sensibilidades de grupos percebidos como vulneráveis teria precedência sobre a liberdade de expressão, que o prêmio Nobel Elias Canetti tinha chamado de "a língua liberada". Esse afastamento dos princípios da Primeira Emenda permitia que essa respeitável parte da Constituição fosse cooptada pela direita. A Primeira Emenda era agora o que tornava possível que os conservadores mentissem, abusassem, aviltassem. Tornou-se uma espécie de liberdade para a intolerância. A direita tinha também um novo programa, que se parecia muito com um mais antigo: autoritarismo, sustentado por uma mídia inescrupulosa, dinheiro grosso, políticos cúmplices e juízes corruptos. Tudo isso, as complexidades criadas pelas novas ideias de certo e errado e o meu desejo de proteger a ideia de liberdade: a ideia de Thomas Paine, a ideia do Iluminismo, a ideia de John Stuart Mill, de todas essas coisas novas, estava além do meu poder de articulação. Minha voz estava fraca e débil. Meu corpo estava em choque. Falar sobre milagres era quase tudo o que eu conseguia.

    Eliza me disse algo que muitas pessoas estavam dizendo: "Uma força maior te protegeu".

    De que me servia essa informação? Fui ateu toda a minha vida, filho de ateu e pai de dois ateus, um que não declarava seu ateísmo (Zafar) o outro extremamente loquaz a respeito (Milan). Agora, de repente, me pediam para acreditar em uma mão protetora que tinha baixado do céu e protegido a minha vida de descrente? E em seguida? Se milagres eram reais, o que dizer do resto? Vida depois da morte? Céu e inferno? Salvação? Danação? Era demais.

Mas durante meio século eu, que acreditei na ciência e na razão, que não tinha tempo para deuses e deusas, escrevi livros nos quais as leis da ciência eram sempre subvertidas e as pessoas eram telepatas, ou se transformavam em feras assassinas à noite, ou caíam de 30 mil pés de um avião e continuavam vivas, na realidade desenvolviam chifres; livros em que um homem envelhecia duas vezes mais depressa que o normal ou no qual um homem começava a flutuar três centímetros acima da superfície da terra, ou no qual uma mulher vivia 247 anos.

O que eu tinha aprontado durante cinquenta anos?

Eu queria dizer: acredito que a arte é um sonho desperto. E que a imaginação pode criar uma ponte entre sonhos e realidade e nos permitir entender que o real tem novos meios de olhar pelas lentes do irreal. Não, eu não acredito em milagres, mas, sim, meus livros acreditam e, para usar uma formulação de Whitman, eu me contradigo? Muito bem, então eu me contradigo. Não acredito em milagres, mas minha sobrevivência é milagrosa. Tudo bem, então. Que seja. A realidade de meus livros, ah, chame de realismo mágico, se quiser, é agora a realidade de fato em que eu vivo. Talvez meus livros estivessem construindo essa ponte durante décadas e agora o milagroso podia atravessar. A mágica se torna realismo. Talvez meus livros tenham salvado minha vida.

Soava delirante até para mim mesmo. Tentei voltar ao normal.

"Vamos gravar alguma coisa", eu disse.

No Quinto Dia, para minha surpresa, o infeliz A. cometeu o erro de dar uma entrevista no Presídio de Chautauqua, para Steven Vago e Ben Kesslen, do *New York Post*. Ele era acusado de tentativa de assassinato, lesão corporal qualificada e havia se declarado inocente. (*Inocente de um crime testemunhado por toda uma multidão de espectadores? Se você acha que sim,* pensei. *Não sei se vai colar.*) Na fotografia do jornal, com orelhas grandes e inadequadamente barbudo — na verdade a foto tinha sido fornecida ao *Post* pelo departamento do xerife local —, ele parecia absurda, quase enternecedoramente jovem, e em sua conduta calma era possível imaginar a loucura da juventude ignorante. Eu sei que fiz o certo, nos dizia a expressão dele, e não me importa que digam o contrário.

Ele revelou que a "inspiração" para ir a Chautauqua foi quando viu um tuíte em "algum momento do inverno" anunciando que eu ia participar do evento lá. *Obrigado*, pensei, *isso revela premeditação.* "Quando ouvi dizer que ele sobreviveu, fiquei surpreso, acho", ele disse também. *Obrigado de novo,* pensei. *Isso revela intenção.* Além disso, não havia nada muito interessante nas observações dele. Ele "admirava" o aiatolá Khomeini e sua opinião sobre mim era: "Não gosto da pessoa. Acho que não é uma boa pessoa. Não gosto dele. Não gosto nada dele". Ele não tinha lido mais do que "umas duas páginas" do meu trabalho, mas assistira a uma palestra minha no YouTube e concluiu que eu era "dissimulado". "Não gosto de gente que é assim dissimulada", ele disse, um tanto apagado. Dissimulado em quê? Ele não explicou.

"Queria matá-lo porque ele era dissimulado" seria um motivo convincente se fosse para alguém usar em um romance policial, e meu sentimento mais forte, depois de ler suas declarações, foi que sua decisão de me matar parecia pouco motivada. Se eu fosse escrever um personagem cuja motivação para assassinato a sangue-frio — não um *crime passional,* mas algo planejado e arranjado em detalhes com muita antecedência — era porque ele havia assistido a alguns vídeos, desconfio que meus editores iam dizer que achavam o personagem pouco convincente. Pode parecer bizarro para o quase assassinado se dirigir ao quase assassino reprovadoramente para dizer: "Você tem que inventar uma razão melhor que essa". Afinal, ele *tentou* me matar, então é evidente que considerava suficiente a sua razão: mas isso era o que eu queria fazer. Queria me encontrar com ele. Queria me sentar com ele em uma sala e dizer: "Me conte como foi". Queria que me olhasse no olho (no que sobrou) e dissesse a verdade. Eliza se opunha com firmeza a esse plano. "Não vai acontecer", ela me disse. De qualquer forma, não estava nada claro que viesse a ser possível em breve, dado o meu estado de saúde; e o próprio A. poderia recusar. Seus advogados provavelmente o aconselhariam a não aceitar. De início, porém, eu estava decidido a tentar. Mas depois pensei que o nível de inteligência do rapaz não parecia ser alto, "nada complicado", devo ter dito a Eliza, ou pelo menos sua capacidade de expressão parecia carecer de certa sutileza. Minha opinião nada gentil era de que não se tratava de uma pessoa que levasse uma vida de reflexão. Se eu mencionasse a ele o famoso ditado de Sócrates: "A vida sem reflexão não merece ser vivida", duvido que fosse fornecer uma resposta interessante. Percebi que não precisava ouvir seus clichês. Melhor para mim seria inventá-lo.

Nessa altura, eu ainda não tinha resolvido escrever este livro. Estávamos fazendo nosso vídeo e registro fotográfico do que acontecia comigo, conosco, mas ainda não tínhamos nem pensado se isso tudo ia permanecer privado, uma espécie de diário para nós mesmos, talvez para a família, ou se poderia ter uma vida pública. Nossa decisão de fazer um filme documentário e a minha decisão de escrever este livro também foram quase simultâneas. E então pensei: *São três personagens importantes nessa história: Eliza, eu e ele*. E concluí que imaginá-lo, entrar na cabeça dele e descobrir o que encontrasse ali seria para mim mais interessante que enfrentá-lo em seu macacão preto e branco de presidiário para ouvir o lixo de seu ideário preto e branco de fins e meios. Então ele terá o seu capítulo. Terá a sua vez.

Eu não estava nada bem. Estava alquebrado. Mas estava sarando. O fígado é um órgão incrível. Ele se regenera. Meu fígado se regenerou e começou a funcionar direito. Consegui evitar ficar amarelo. Meu intestino delgado parecia estar funcionando também, portanto o cirurgião tinha acertado. O que deixa os hospitais mais felizes é quando o paciente diz que sente movimentos viscerais. Hospitais não gostam quando suas vísceras não se mexem e te dão remédio para provocar diarreia, você pede por favor para pararem e promete em tons súplices que suas vísceras logo vão funcionar, que vão mesmo, e então, finalmente, elas se mexem e todo mundo fica feliz.

De modo inexplicável, começou um acúmulo de fluido abaixo do pulmão direito. Precisava ser drenado. Me tiraram de meu quarto e levaram a um centro operatório num andar inferior. Tive de me deitar de lado, aplicaram anestesia local, depois uma agulha e a drenagem começou.

"Não se preocupe; eu sou o campeão da drenagem de fluidos", disse o médico. *Ah*, pensei (e não falei), *não sabia que havia um campeonato. Uma World Series de drenagem de fluidos? Um Super Bowl de drenagem de fluidos? Quem faria o show de intervalo? Muddy Waters? Acqua? Fica quieto, Salman. Vai acabar logo.* Demorou mais do que imaginei e havia muito fluido. Mais de 900 ml! O campeão ergueu seu troféu, uma bolsa plástica cheia de uma substância de intenso rosa avermelhado. "Não pensei que fosse tão colorido", eu disse. Porque eu não havia pensado que haveria sangue misturado com fosse lá o que fosse o fluido. Mas claro que havia sangue.

    Enquanto eu estava fora do quarto, Eliza virou a câmera para ela mesma e deixou saírem os sentimentos que se recusava a deixar que eu visse, a dor, o medo, a perplexidade, a sensação de ter se soltado daquilo que imaginara que seria a sua vida e, acima de tudo, a fúria contra o homem "que foi a Chautauqua e escolheu a violência. Ele escolheu a violência". Mas ela disse: "Estou bem. Vou ficar bem, porque ele não morreu. Meu marido viveu".
    Só um bom tempo depois ela me deixou ver a gravação de seu solilóquio, o seu discurso. Quando enfim assisti, fiquei assombrado com a comprovação de seu sofrimento e entendi ainda mais profundamente a imensa força que ela fizera para esconder tudo de mim e sorrir, e cuidar de mim com amor. Ela precisava se recuperar daquilo. Estava ferida quase tanto quanto eu.

    Eu tinha um corte profundo no lado esquerdo da língua. Quando caí no anfiteatro, devo ter mordido sem querer. Foi preciso dar pontos. Eliza disse que me ver de boca aberta enquanto o doutor costurava com agulha e linha a minha língua foi a segunda pior coisa que ela teve de ver. Os pontos eram do tipo que desaparecem sozinhos depois de menos de duas semanas, me disseram. Até então, eu seria mantido em uma dieta macia: sopa, purê de batata, não muito mais. Me consolei com a ideia de que pelo menos meus dentes pareciam bem; não tinham caído, como eu tinha certeza de que cairiam depois do primeiro soco.
    Pouco a pouco, no ritmo previsto, minha língua sarou e os pontos caíram.

A pior coisa que Eliza teve de assistir foi o meu olho. De hora em hora, vinha uma enfermeira umedecê-lo com solução salina, porque estava tão distendido, tão projetado para fora, que era impossível fechar com a pálpebra para que se umidificasse sozinho. Havia muito a chorar, mas não havia lágrimas.

Quando removeram o curativo, o olho era uma monstruosidade. Vieram médicos fazer testes para ver se restara alguma visão. Me mandaram cobrir com a mão o olho esquerdo bom e apontaram uma luz no olho direito. Houve um momento em que, muito excitado, eu disse que conseguia ver a luz no limiar do campo de visão de meu olho direito. Os médicos também ficaram animados, mas foi uma falsa esperança. Eu apenas não tinha coberto direito o olho esquerdo e era esse olho que via a luz na borda de minha mão.

O olho estava perdido. Tentei me acostumar com isso. O nervo óptico fora danificado e ponto final. O A. não me pegou, mas pegou o meu olho. Mesmo agora, ao escrever este texto, ainda não me acostumei com a perda. É difícil fisicamente: não ser capaz de enxergar todo um quadrante do campo normal de visão é algo difícil de contornar. Também perder a perspectiva da visão binocular, de forma que quando vou pôr água no copo é muito fácil errar o copo, mas é ainda mais difícil emocionalmente. Aceitar que vai ser pelo resto de minha vida... é deprimente. Mas como os pais de Salim Sinai repetiam para ele durante sua infância em *Os filhos da meia-noite* (e como os meus me diziam): "O que não se pode curar, tem-se de suportar".

Chegou o dia em que os médicos me contaram o que planejavam para o olho a curto prazo. Não era possível tomar nenhuma decisão a longo prazo até o inchaço diminuir, disseram. O inchaço estava diminuindo, mas ainda havia um longo caminho pela frente. No entanto, dentro de alguns dias seria possível puxar a pálpebra sobre o olho, e uma vez feito isso havia um jeito de ali-

viar as dificuldades e protegê-lo melhor. Propuseram baixar a pálpebra e costurá-la fechada. Depois disso, os dutos lacrimais começariam a funcionar outra vez e o olho não precisaria da umidificação salina de hora em hora. E o olho estaria protegido de maiores danos. (Imaginei quais danos poderiam ser maiores, porém, uma vez mais, não me permiti perguntar.)
"Parece de fato horrível", eu disse.
"Usamos um forte anestésico local", me garantiram.
"Tudo bem", eu disse. "Porque eu realmente não sou muito bom com dor."
O procedimento foi realizado alguns dias depois. Vi a agulha se aproximar e falei, choroso: "E a anestesia?". Me disseram que estava na agulha. Tudo o que posso dizer a respeito é que, se for verdade, eu não era capaz de imaginar o quanto o procedimento seria doloroso, se não o fosse de fato. Eliza estava no quarto, ouviu meus altos gemidos de angústia e viu meu copo enrijecer. Me permita um conselho, gentil leitor, se puder evitar que costurem sua pálpebra... evite. Dói muito mesmo.
Foi "bem-sucedido" como dizem os médicos. Não seria a expressão que eu usaria. Foi a coisa mais próxima de dor insuportável que jamais experimentei. Sim, inclusive as facadas; eu estava a tal ponto em choque durante o ataque que não experimentei aquela dor como dor, muito embora as testemunhas que mencionei tenham relatado que eu "gemia". Depois desse procedimento "bem-sucedido" pensei nos versos do "Love Minus Zero/ No Limit", de Bob Dylan, que meu amigo Steve cantou para mim na noite de meu aniversário em junho, na Sardenha: "...*não existe sucesso como o fracasso/ e esse fracasso não é nenhum sucesso*".
Seriam sete semanas até poderem remover os pontos.

No Sétimo Dia, às onze da manhã, o laptop de Eliza estava na minha frente para eu ver amigos e admiradores reunidos na escadaria da Biblioteca Pública de Nova York para declarar sua solidariedade. Exatamente uma semana antes, eu estava caído no chão do anfiteatro em Chautauqua, pensando na morte, tentando não morrer. Agora, havia centenas de pessoas reunidas na Quinta Avenida "ao lado de Salman". Ali estava meu amigo, o maravilhoso romancista Colum McCann, dizendo de mim "*Je suis Salman*", exatamente como eu e tantos outros havíamos dito depois dos assassinatos dos cartunistas da *Charlie Hebdo* em 7 de janeiro de 2015. "*Je suis Charlie*." Como era comovente, e ao mesmo tempo estranho, se transformar em um slogan.

Suzanne Nossel, CEO do PEN America, a organização de escritores da qual eu era ex-presidente, pronunciou palavras de abertura apaixonadas.

Quando um pretenso assassino cravou a faca no pescoço de Salman Rushdie, ele perfurou mais do que a carne de um escritor renomado. Ele cortou o tempo, sacudindo a todos nós para o reconhecimento de que os horrores do passado assombram o presente. Ele se infiltrou através de fronteiras, permitindo que o longo braço de um governo vingativo alcançasse um abrigo pacífico. Ele perfurou a nossa calma, nos deixou acordados durante a noite a contemplar o puro horror daqueles momentos no palco de Chautauqua. E ele abalou nosso conforto, nos forçou a encarar como é frágil a nossa liberdade.

Esse discurso, e todos os que se seguiram, quase me levou às lágrimas, mas eu pensei também: *Não dê tanto poder a ele, Suzanne. Não nos abalemos com tanta facilidade. Não faça com que ele pareça o anjo da morte. Ele é apenas um palhaço ignorante que teve sorte.*

Mais de uma dúzia de oradores, inclusive amigos queridos: Kiran Desai, Paul Auster, A. M. Homes, Francesco Clemente. A emoção me dominou. Era difícil falar. Mas depois Eliza ligou a câmera e me perguntou a respeito.

Como você se sentiu, querido, ao ver todo mundo lá reunido por você num lindo dia de sol em Nova York?

Minha voz estava frágil, minha respiração, irregular. Eu falava frases entrecortadas.

Eu estou... agradecido... foi comovente... saber que a minha vida... significa... tanto... tanto... para os outros. E eu fiquei... contente... ver o meu trabalho... entendido.

Depois do evento na biblioteca, houve reuniões de apoio em toda parte, ou assim parece, na Inglaterra, no Canadá, em toda a Europa. Pensei de novo que o amor é uma força real, uma força curativa. Eu não tenho nenhuma dúvida de que o amor que veio até mim, o amor de estranhos assim como o de minha família e amigos, muito fez para me ajudar a resistir.

No começo... lá atrás... depois da fatwa... *houve muita hostilidade, até no mundo literário... eu tenho a sensação... de que talvez agora... as pessoas gostem de mim... um pouquinho.*
Tudo o que eu tentei fazer... foi trabalhar bem... fazer o certo. Só isso... foi que eu...

Mais tarde, nesse dia, eu tinha de dizer a Eliza o quanto era grato a ela. "Você ainda tem muito chão pela frente."
Ela disse que não precisava agradecer.

"Mas eu sinto uma profunda gratidão... quero que você saiba... que eu sinto."
Ela mudou de assunto e me perguntou sobre o calipso de Belafonte que tinha me ouvido cantarolar.
"A música do burro", eu disse. "'Agora te digo de verdade/ aí eu não amarro meu burro'."
Ela pediu para eu cantar. Não sei cantar nem nos melhores momentos, mas cantei com minha voz fraca e alquebrada. "*Now my donkey gone mad they say/ don't tie me donkey there/ 'Cause he high on a bale of hay/ don't tie me donkey down there!*"
Me deixa feliz conversar sobre bobagens com você, eu disse a ela.

O evento na escadaria da biblioteca me encheu de energia, melhor que qualquer remédio. Conversei com Eliza sobre como ter nossa vida de volta.
A gente tem de encontrar a vida, eu disse. Não dá para só ficar deitado se recuperando da quase morte. Precisa encontrar a vida.

Estou tentando me lembrar se alguma vez fiquei com raiva naqueles dias. Fiquei na ala de trauma extremo do Hamot durante dezoito dias, os dezoito dias mais longos de minha vida, e quando tento me colocar de volta naquele quarto me lembro de me sentir fraco, determinado, exausto, deprimido, atordoado, enjoado, grogue e na companhia de Eliza, Zafar e Samin, também amorosos e amados. Não me lembro de raiva. Acho que a raiva me pareceu um luxo perdulário. Não tinha utilidade e eu tinha coisas mais importantes em que pensar. Não pensava muito sobre o homem cujos atos tinham me deixado naquele lugar, ou nos homens cuja ideologia assassina o inspiraram a agir como agiu. Eu pensava apenas em sobrevivência e com isso queria dizer não só continuar vivo, mas conseguir minha vida de volta, a vida livre que eu havia construído com tanto cuidado ao longo dos últimos vinte anos. Meu corpo abatido estava indo muito bem, diante das circunstâncias. Naqueles dias, aprendi muito sobre a assombrosa capacidade do corpo humano de se regenerar. O animal humano é capaz de muitas ações danosas (e umas poucas nobres), mas quando sua existência é ameaçada, um instinto poderoso irrompe e domina. Foi esse instinto de sobrevivência que sussurrou em meu ouvido quando eu estava caído sangrando em Chautauqua. *Viva. Viva.* E ainda sussurrava para mim na cama do hospital.

Quanto ao resto, conseguir minha vida de volta, eu sabia que teria de esperar. Seria uma longa jornada e, antes de seguir em frente, eu precisava aprender a andar.

Havia uma poltrona ao lado da cama. O primeiro passo era me sentir capaz de me sentar naquela poltrona. No começo, descobri que precisava de ajuda para deslizar as pernas, ajuda para me pôr sentado na cama, ajuda para me acomodar de volta. Mas era bom ficar mais vertical e dia após dia era um pouco mais fácil me deslocar para a poltrona. Dia a dia eu ficava um pouco mais capaz de fazer as coisas sozinho. No dia em que consegui ir ao banheiro, fazer o meu dever de bom paciente e esvaziar minhas entranhas, depois me limpar sem ajuda da enfermeira... bom, foi como uma libertação. Eu estava aterrorizado com a ideia de que eu seria o tipo de inválido que precisa de alguém que o limpe, que o trate como bebê. Comecei a sentir, só um pouquinho, que logo eu poderia ser gente grande de novo.

Não havia espelho no banheiro. Eu ainda não tinha visto o meu rosto.

Depois de cerca de dez dias, saí do quarto! Havia uma enfermeira ao meu lado e, dessa primeira vez, eu tinha um andador, que os britânicos chamam de *Zimmer frame*, mas consegui caminhar até a metade do corredor e voltar. Os guardas que faziam a segurança e a equipe hospitalar mostravam encorajadores polegares para cima. E, depois disso, a cada dia andei um pouco melhor. Ser capaz de fazer umas poucas coisas simples do dia a dia me deu muito ânimo. Tive de aprender a segurar a escova de dentes e apertar sobre a pasta de dentes com uma mão só. Mas preocupações com questões médicas permaneciam. Havia saquinhos presos em várias partes do meu corpo para recolher os fluidos que vazavam de mim. E um dos cortes de faca no meu rosto danificou o canal que leva saliva até a boca, e a saliva escorria por meu rosto. Um jovem médico veio cuidar disso. Ele pressionou uma tira de tecido absorvente em meu rosto e me visitava duas vezes ao dia para apertar com força a ferida e retirar parte do tecido, encharcado de saliva. Aos poucos, o vazamento secou. O procedimento era extremamente incômodo e comecei a chamá-lo de dr. Dor. Mas funcionou e, quando deixei o Hamot, não escorria mais saliva pelo meu rosto.

Minha mão esquerda estava imobilizada na tala. Era cedo demais para começar a fisioterapia, precisava esperar que os tendões se reparassem. Ao lado de meu olho cego, essa mão avariada era a prova mais inevitável de minha nova realidade. Mais de uma pessoa tentou me confortar dizendo: "Pelo menos você é destro", mas a boa intenção realmente não me consolava. A maior fonte de consolo era a presença ao meu lado de Eliza, Zafar e Samin.

Zafar tinha nove anos na época da *fatwa* e crescera com aquela ameaça pairando sobre a cabeça do pai. Então, quando as coisas começavam a parecer melhores, sua amada mãe, Clarissa, morreu de uma recidiva extremamente agressiva de câncer de mama, depois de mais de cinco anos de remissão. Ele tinha dezenove anos. E atravessou a crise com tamanha elegância e firmeza infantil que era uma pena, pensei, que mais de vinte anos depois o passado voltasse a assombrá-lo dessa forma, trazendo-o de Londres para aquele lugar remoto onde seu pai lutava pela vida. Eu não era, de forma alguma, a única pessoa cujos dias foram deformados pela ameaça terrorista. Ele foi uma vítima também.

Samin e eu éramos aliados muito próximos desde o dia em que ela surgiu em Bombaim, um ano e duas semanas depois de mim. Ninguém me foi mais próximo durante a infância. Ela brigava com as pessoas por minha causa se achava que estavam sendo maldosos e eu a salvava de encrencas com nossos pais. Um dia, quando tínhamos talvez oito e nove anos, a campainha da porta tocou. Ali estava um pai irado que ergueu a voz para meu pai. "Sua filha acaba de bater no meu filho!" Meu pai começou a rir. "Psiu", disse ele. "Não diga uma coisa dessas tão alto."

Continuamos próximos durante toda a vida. E agora isso. Eu repetia a ela o quanto a amava e o quanto era importante para mim que ela tivesse vindo me ajudar. Depois de alguns dias, ela disse: "Estou confusa. Você nunca foi tão legal comigo". É assim que somos: brincamos, provocamos, animamos um ao outro, sabendo que nosso amor não precisa de expressão sentimental para existir. E ali estava eu lacrimosamente sentimental. Samin tinha razão de estar confusa: nem parecia eu.

"Sou sempre legal com você", protestei.

"Não, não é", disse ela, feliz. "Não desse jeito."

Antes de Samin chegar ao Hamot, Eliza tinha mostrado a ela no iPhone que eu mexia os dedos dos pés, para garantir que meu cérebro estava funcionando. Quando ela chegou, começou a fazer por mim o que nós dois tínhamos feito para nossa mãe quando éramos jovens e ela se deitava na cama à tarde, cansada: massageou meus pés (massageou aqueles dedos falantes) para me confortar. "*Dabao*", eu disse a ela, em urdu, repetindo um comando de minha mãe. "Aperte." Durante uma semana nossa intimidade de uma vida inteira me trouxe, senão alegria, pelo menos a lembrança da alegria. Então, no Oitavo Dia, ela voltou a Londres, achando difícil ir embora, brava consigo mesma por não ter marcado uma data mais distante para a volta. No Nono Dia, Zafar também foi para casa. Depois disso, era só Eliza e eu e havia mais nove dias pela frente.

Quando recebeu a notícia a meu respeito, meu filho mais novo, Milan, só pensou em como chegar ao lado de minha cama o mais depressa possível. No entanto, o oceano Atlântico estava no caminho e, aos 25 anos, ele era dominado por um agudo medo de viajar de avião. Há quase seis anos não conseguia entrar em um avião. Durante todo aquele dia 12 de agosto, ele se viu dolorosamente nas garras de um dilema. Confesso que eu não entendia por completo a fonte desse medo, porque durante grande parte de sua vida de menino ele havia voado para toda parte, tanto para vir até mim em Nova York como junto comigo para, por exemplo, a Índia, Chipre e Roma. Estar com ele sempre foi uma das minhas maiores prioridades, e até o medo se instalar tínhamos alternado minhas visitas a Londres e as viagens dele aos Estados Unidos. Mas então o medo se instalou como se vindo do nada e depois disso, por um bom tempo, era eu o único a fazer todas as viagens. E agora o ataque lhe fazia uma pergunta que ele não sabia responder. Sim, ele pegaria um avião imediatamente... Não, não conseguia fazer isso... Sim, ele ia fazer um esforço para ir... Não, ele chegaria ao aeroporto e não seria capaz de embarcar.

A mãe dele, Elizabeth, Elizabeth West, lady Berkeley, agora casada e feliz com o compositor Michael Berkeley, ainda uma boa amiga, veio em socorro. Comprou para ele uma passagem no transatlântico *Queen Mary 2*, único navio de cruzeiro que ainda atravessava o oceano. Partiria de Southampton para uma viagem de sete dias até Nova York e chegaria no final de agosto. Foi sorte ela ter agido com tanta generosidade, entendendo (como Eliza havia entendido ao pagar o voo particular para Erie) que há momentos na vida em que você não faz cálculos, age. Vinte e quatro horas depois de conseguir a cabine de Milan, a lotação se esgotou.

Em minha cama de hospital, mal conseguindo me mexer, eu soube da viagem de navio de Milan, e a minha primeira reação foi inveja. Muito antes do ataque, eu tinha assistido a um filme com Meryl Streep, *Let Them All Talk*, a maior parte do qual se passava a bordo desse mesmo navio. Me lembro de pensar que o filme não era grande coisa, mas o navio parecia incrível.

Falei com Milan antes de ele embarcar. "Também quero viajar nesse navio", eu disse. "Quem sabe quando eu melhorar nós vamos juntos."

"Isso, pai", ele disse. "Você melhora e nós vamos."

Foi gostoso pensar em um futuro mais feliz.

Na marca do Décimo Quinto dia, eu já andava sem ajuda de um lado para outro no corredor do hospital. Estava muito menos frágil na voz e no corpo. O exército de médicos que examinava várias partes de mim ao longo de cada dia expressou satisfação, surpresa até. O principal, um cirurgião com o gastronômico nome improvável de James Beard, disse que talvez eu fosse logo mandado para a reabilitação. A boa gente do Rusk, em Manhattan, disse que estava pronta para mim. A ambulância estava pronta. "Só mais uns dois dias", me disseram.

Meu olho costurado ia bem. A mão esquerda continuava imobilizada na tala, mas me disseram que a tala seria removida no Rusk para começar a fisioterapia. Os últimos saquinhos presos ao meu corpo foram retirados, porque eu não estava mais vazando. Esperávamos que não juntasse mais líquido abaixo do pulmão. Todas as feridas e os cortes pareciam fechados. Nem mesmo o dr. Dor precisava espremer saliva do meu rosto. Dr. Olho, dr. Mão, dr. Facadas, dr. Cortes, dr. Fígado, dr. Língua, todos começaram a se despedir.

"Acho que podemos remover os grampos", disse o dr. Grampos, no Décimo Sétimo Dia. "Parece que está tudo bem cicatrizado."

"Quando tirarem", perguntei, "posso fazer a barba?" Eu estava com barba de dezessete dias em torno dos ferimentos no pescoço e no rosto. Coçava e era desconfortável.

"Por enquanto ainda não", disse o dr. Grampos. "Vamos esperar umas duas semanas."

Snip-snip fazia o alicate, e os grampos de metal saíram todos. Alguns foram indolores, outros doeram, mas foram todos ótimos. Pelo menos, eu não estava mais remendado artificialmente.

Um dos médicos me deu chocolates do "melhor *chocolatier* artesanal de Erie". Outro trouxe cachorros-quentes para Eliza e para mim, também os melhores da cidade. Enfermeiras trouxeram tapa-olhos para eu experimentar. Não eram confortáveis, mas a intenção era generosa. Estava todo mundo feliz. Uma das enfermeiras disse para Eliza: "Muito pouca gente sai daqui andando". Queria dizer que a maioria saía em sacos pretos.

Décimo oitavo dia. Eu estava com roupa, em vez da camisola do hospital, pela primeira vez desde que cheguei... camiseta, calça de jogging, tênis. Eu seria levado em uma cadeira de rodas pelo hospital, até uma discreta área de embarque onde esperávamos que não houvesse nenhuma atenção da mídia. Não queríamos que soubessem que estavam me transportando para Nova York. Queríamos um blecaute da mídia para eu poder me recuperar com sossego, sem olhos e ouvidos à espreita.

Hora de ir.

4. Reabilitação

A cidade de Nova York, no fim da tarde, brilhava ao sol. Fez bem ao meu coração vê-la de novo, as ruas *jolies-laides* ao mesmo tempo generosas e mesquinhas, tanto talento no ar, tantos ratos no subsolo, o povo caminhando com shorts de verão, os parques iluminados por moças em flor, as pontes metálicas enferrujadas, os pináculos, a superfície terrível das ruas, aquele tudo-ao-mesmo--tempo, a inesgotável abundância, o excesso da multidão, os canteiros de obras e música para todo lado. Lar. Enquanto a ambulância rodava por Manhattan, tive a impressão de estar de volta ao meu lugar certo. Tinha partido desse santuário movimentado dezenove dias antes e me vi preso em um paradoxo: quase assassinado na tranquilidade e na suavidade enganadoras de um lugar distante, e depois salvo em outro bairro distante, de ruas perigosas. Cada minuto que passei no Hamot me fez sentir como peixe fora d'água, apesar da habilidade dos cirurgiões e da gentileza das enfermeiras. Sempre fui homem de cidade grande: Bombaim, Londres, Nova York, com suas histórias que eram minhas também. E ali estava o meu oceano preferido, aquele mar de concreto e aço em que sempre preferi nadar.

A chegada ao Rusk foi um tanto macabra, porque todo mundo estava ansioso para que eu não fosse visto, de preferência numa chegada sem alertar a mídia para minha presença na cidade, por questões de segurança. Então Eliza pôs um lenço no meu rosto, tiraram a maca da ambulância, colocaram num carrinho e rodei anônimo por aquele espaço desconhecido. Foi um pouco parecido demais com estar morto. Tentei afastar essa ideia enquanto me levavam de rosto coberto para um elevador e depois para um quarto onde tiraram o lenço. O primeiro quarto não tinha lugar para Eliza dormir, mesmo ela tendo combinado com o Rusk para que isso fosse possível; tivemos de esperar e mudamos para um segundo quarto.

Eu estava de volta à cidade, na rua 17 com a Segunda Avenida, e, no entanto, não estava de volta de verdade, porque não podia contar a ninguém que eu estava ali. Todo meu entusiasmo evaporou. Me vi mais uma vez arrastado para o feio passado, os dias de "esconderijo" na Grã-Bretanha, vivendo em "localizações não divulgadas", protegido por policiais armados, longe de todos que eu amava. Havia policiais armados na porta desse quarto também. Mas pelo menos Eliza estava ali dentro e Milan estava a caminho. O *Queen Mary 2* tinha chegado a Nova York no dia anterior. A irmã de Eliza, Melissa, recebeu Milan quando desembarcou. Tínhamos alugado para ele um lugar pelo Airbnb no Upper East Side. Nossa casa era um ponto de interrogação. Eliza tinha providenciado que a ADT Serviços de Segurança desse ao local um bom upgrade de segurança: câmeras, botões de pânico, tudo isso. Achei melhor Milan não ficar lá. Para começar, o bairro estava infestado de paparazzi. Melissa o levou ao apartamento alugado, ele se instalou e, no dia seguinte, eu cheguei e ele veio me ver. Antes que entrasse no quarto, Eliza sentou-se com ele em uma pequena sala para visitantes e contou o que esperar: meus ferimentos, meu cansaço e todo o resto.

Foi um encontro emocionante. Meu nível de energia estava baixo, mas fiquei exultante por encontrar com ele. Ele me contou depois que, durante a longa viagem solitária pelo oceano, tinha lidado com a maior parte do sentimento e do medo pelo que havia acontecido comigo, de forma que quando chegou ao meu quarto no Rusk podia ficar apenas feliz de me ver e constatar que eu estava falante, contando piadas, "sendo o papai". Fico contente de ele não ter visto o pior, embora tenha ficado abalado com o curativo no olho, a mão na tala, o peito com cicatrizes, que ele quis ver mesmo que (ou porque) eu lhe tenha dito que as cicatrizes faziam meu peito parecer um mapa de metrô. Foi imensamente animador para mim estar com ele e, para ele, ver que eu era capaz de me levantar e andar, como me contou depois.

Eu estava inundado de otimismo — otimismo, minha maior fraqueza ou maior força (dependendo da pessoa a quem você perguntasse e de meu humor também). No *Cândido* de Voltaire (cujo título completo é *Cândido, ou o otimismo*) a positividade do herói diante dos horrores do mundo chega perto da idiotia. (Se este é o melhor dos mundos possível, então os universos paralelos devem ser de fato infernais.) Quando escrevi meu romance *Quichotte*, ridicularizei minha própria natureza, fazendo do personagem-título um otimista ao estilo candidiano. E agora, preso ao leito e seriamente ferido como eu estava, comecei a acreditar que o pior havia passado, que a chegada de Milan era sinal de que eu tinha virado uma esquina e de que os dias felizes logo começariam.

Tocou um sinal encerrando as horas de visita, e Milan foi embora. Logo depois, minha bexiga informou que meu otimismo era prematuro.

Não existe um jeito elegante de contar isso. Eu vinha tendo problemas para urinar. Sentia vontade, pegava o urinol do lado da cama, mas aí ficava travado. O desconforto era grande, porém nada mais do que isso. Trouxeram uma máquina que descobria até que ponto a bexiga estava cheia. Estava perigosamente cheia, disseram. O que se seguiu é quase horrível demais para descrever. Meu primeiro catéter.

Caro leitor, se nunca inseriram um catéter em seu órgão genital, faça o possível para manter intacto esse recorde. Eu tinha ultrapassado meus 75 anos sem que me infligissem essa vil ignomínia, mas lá estava eu. Digamos apenas que os ruídos que saíam da minha boca durante o procedimento eram sons que eu nunca tinha ouvido. Era o meu pênis pedindo misericórdia.

Para não me deter muito nessa questão, os problemas urinários continuaram. A vontade de urinar, a quase impossibilidade de urinar, o desconforto de tentar e falhar, a bexiga se enchendo. Comecei a abominar as visitas da enfermeira Bexiga com seu bexigômetro. E tinha uma boa razão para isso.

Houve uma segunda experiência com catéter durante minha estada no Rusk.

E uma terceira.

Só então um dos médicos, o dr. Gênio, começou a suspeitar que algo no coquetel de comprimidos e injeções que me davam a intervalos regulares poderia ser a causa do problema. Ele chegou a identificar o remédio: penso nele como Maldadremédio, o provável culpado. Pararam de me dar aquilo e em horas se deu uma transformação. Senti como se um dique tivesse aberto suas comportas dentro de mim. E o que tinha parecido quase impossível era fácil outra vez.

Quando um paciente descobre que é o remédio que o deixa doente, a frustração pode transbordar. Tentei manter meus sentimentos sob controle, mas talvez tenha fracassado em parte. As enfermeiras eram compreensivas. A enfermeira Bexiga continuava me examinando, mas agora as indicações do Bexigômetro eram boas. Todo mundo estava aliviado. E ninguém se desculpou por ter receitado o Maldadremédio que causara o problema. (Um estado médico causado por medicação é um *distúrbio iatrogênico*. Termo excelente para uma coisa nada excelente. Quem me ensinou foi Isabel Fonseca, esposa de Martin Amis. Martin tinha descoberto isso, claro.) Mas eu não estava completamente livre. O problema causado pelo remédio criou um problema secundário: uma severa infecção do trato urinário. Pelo menos duas semanas de antibióticos para me livrar daquilo.

Milan andou pesquisando ataques à faca. "Pai", disse ele, sentado em minha cama, "são muitos os casos de alguém levar só uma facada e morrer. Você levou umas quinze e continua vivo."

Assenti com a cabeça. "Sabe", eu disse a ele, "o personagem de ficção com que mais me identifico no momento é Wolverine." O X-Man com o super-heroico "poder de cura".

Isso provocou uma risada. "É, mas sem as garras, pai."

Agora que Milan estava conosco, Eliza podia ter alguma folga. Ela praticamente não saíra do meu lado desde sua chegada a Erie, mas agora podia ter uma folga; ela e Milan iam se revezar ao meu lado. O dia no Rusk tinha horário cheio, terapia física alternada com terapia ocupacional, e inspeções de médicos e enfermeiras nos intervalos. Por volta das quatro da tarde, o trabalho do dia finalmente terminava, Milan vinha me ver no turno da tarde, e Eliza chegava depois.

Também decidimos que a "cama" fornecida a Eliza era pequena demais, rudimentar demais, incômoda demais para ela usar. "É uma loucura você ter de dormir aqui", eu disse, "quando nossa cama está em casa, à distância de uma corrida de táxi."

Ela se preocupava de ir para casa. "E os paparazzi?", ela disse.

"Fodam-se os paparazzi", disse eu. "Tenha uma boa noite de sono."

Depois disso, eu ficava sozinho à noite. Estava encurralado em uma cama com alarme que iria apitar se eu tentasse me levantar sem ajuda. Não dava a sensação de liberdade. Todo o meu mundo tinha encolhido para o tamanho de uma cama rangente, e camas hospitalares não eram de fato para dormir. Serviam para manter você no seu lugar, enquanto as pessoas iam e vinham a toda hora para conferir seus sinais vitais, tirar sangue, dar medicamentos e perguntar como está se sentindo. Não fica muito claro por que os policiais de vigia na porta do quarto achavam que três da manhã era o melhor momento para contar piadas sujas e rir ruidosamente. O porquê de a enfermeira Olho entrar e acender as fortes luzes do teto para trocar meu curativo às cinco da manhã era igualmente inexplicável. Às cinco e meia, o hospital estava em plena vigília, o dia havia começado e eu podia esquecer o sono.

Como se pode depreender do parágrafo acima, eu estava começando a enlouquecer. Do lado de fora da janela, sete andares abaixo, dava para ouvir a música da cidade, as ambulâncias, os caminhões de bombeiros, as sirenes da polícia. Os SUVs com as janelas baixadas a tocar hip-hop para o céu, bêbados insones rindo a caminho de casa. Esses ruídos familiares me agradavam, mas também acentuavam um fato melancólico: eu estava na minha cidade, mas não era ainda parte dela. A faca tinha me separado do meu mundo, me seccionado brutalmente e me posto na cama com sirene.

Durante todas essas noites insones, pensei muito sobre A Faca como uma ideia. Quando uma faca faz o primeiro corte em um bolo de casamento, é parte de um ritual pelo qual duas pessoas se juntam. Uma faca de cozinha é parte essencial do ato criativo de cozinhar. Um canivete suíço é um ajudante capaz de realizar muitas pequenas tarefas necessárias, como abrir uma garrafa de cerveja. A navalha de Occam era uma faca conceitual, uma faca de teoria, que cortava fora uma porção de bobagens ao nos lembrar de preferir as explicações mais simples das coisas em vez das mais complexas. Em outras palavras, uma faca era uma ferramenta e adquiria sentido a partir do uso que fazíamos dela. Moralmente era neutra. O mau uso de facas é que era imoral.

Ufa!, eu disse a mim mesmo. Uma dura pausa. Não era a mesma coisa que dizer "armas de fogo não matam gente, gente mata gente"? Eu estava caindo em uma armadilha conhecida?

Não, porque uma arma de fogo tem apenas um uso, um propósito. Não se pode cortar um bolo com uma Glock, ou cozinhar com uma AR-15, ou abrir uma garrafa com o favorito de James Bond, um Walther PPK. O único jeito de uma arma de fogo estar no mundo era a violência, seu único propósito era causar dano, até mesmo tirar vidas, animais ou humanas. Uma faca não era como uma arma de fogo.

A língua também é uma faca. Capaz de cortar uma abertura no mundo e revelar seu sentido, seu funcionamento interno, seus segredos, suas verdades. Capaz de cortar de uma realidade para outra. Pode invocar bobagens, abrir os olhos das pessoas, criar beleza. A língua era a minha faca. Se eu fosse surpreendido de repente em uma indesejada luta de facas, talvez fosse a faca que eu usaria para reagir. Podia ser a arma que eu usaria para refazer e reclamar o meu mundo, para reconstruir a moldura na qual meu quadro do mundo poderia uma vez mais ser pendurado na minha parede, para assimilar o que acontecera comigo, me apossar disso, tornar meu o fato.

Mas seria isso apenas uma mentira consoladora que eu contava a mim mesmo? Apenas fanfarrice sem sentido? Eu nem sequer queria reagir? Havia momentos, momentos frequentes na cama opressiva, em que eu sentia que havia lutado a maior parte de minha vida e talvez o universo estivesse me dizendo que eu não tinha de lutar mais. Eu podia simplesmente parar. Eu pediria arrego e admitiria a derrota. Talvez fosse essa a mensagem da faca. *Cidade da vitória* seria lançado em fevereiro. Meu 21º livro: eu tinha orgulho dele. Esperava que fosse bem recebido. Talvez fosse a hora de seguir o caminho de Philip Roth para longe da literatura e pregar um Post-it no meu computador com as palavras "A luta terminou". Neste melhor dos mundos possível, *il faut cultiver son jardin* [é preciso cultivar seu jardim]. Não que eu soubesse algo sobre jardinagem ou quisesse aprender.

Meu primeiro visitante, além da família, foi o meu agente e amigo, Andrew Wylie. Andrew parece austero, mas é um homem emotivo e quase chorou ao me abraçar. Andrew é um homem leal, de bom coração, muito inteligente e engraçado, bem diferente do "Chacal", apelido que a indústria do livro tinha dado a ele. (Acho que ele gosta do apelido. Faz com que pareça perigoso.) Ele foi claro a respeito do melhor caminho a seguir.

"Não sei se consigo escrever de novo", eu disse.

"Você não deve pensar em fazer nada durante um ano", ele disse, "a não ser se recuperar."

"É um bom conselho", eu disse.

"Mas no fim você vai escrever sobre isto aqui, claro."

"Não sei", respondi. "Não tenho certeza se quero."

"Você vai escrever a respeito", ele disse.

O banheiro integrado ao meu quarto no Rusk tinha um espelho. Pela primeira vez em quase três semanas eu podia dar uma olhada no meu rosto. Disse à enfermeira que me levou ao toalete que eu ficaria bem sozinho, tranquei a porta e olhei o espelho. Mais cedo, nessa manhã, um segundo dr. Grampos, um dr. Grampos de Nova York que assumiu o lugar da versão Erie, me disse que ainda havia alguns grampos no meu pescoço, escondidos pela barba crescida, e ele os removeu. Então o rosto que vi no espelho estava ao menos livre de metais segurando os pedaços. As feridas estavam todas cicatrizadas.

Um homem vê seu reflexo e não tem certeza se reconhece a si mesmo. Quem é você, ele pergunta à figura no espelho. Eu ao menos te conheço? Em algum momento, você vai se transformar em mim ou é isso que me resta agora, esse semiestranho de cabelos emaranhados e com um olho só. "*I'm looking through you*", os Beatles cantaram. "*Where did you go?*" O homem no toalete fala com o homem no espelho. Você é o fantasma do meu futuro? Os lábios de seu reflexo não se mexem. Você é alguém que trouxeram para me substituir?, o homem do toalete pergunta ao homem do espelho. Eles acham que não sou o tipo certo para esse papel, não é? Encontraram outro, certo. Trouxeram um homem morto de volta à vida e lhe deram as minhas cenas. Eu serei descartado e você ficará no meu lugar, então o que acontece comigo? Para onde eu vou? E o arco de minha história? Como resolver isso?

Os lábios do homem do espelho não se movem. Há um corte no alto de sua testa. Há um corte no canto esquerdo de sua boca. Ele está pesadamente, descuidadamente barbudo. A pálpebra direita está fechada por uma costura. Ele consegue fazer suas entranhas se mexerem. Consegue se limpar e se enxugar. Seu olho único parece triste. Seu rosto parece chocado. Ele está fazendo bem o seu papel.

O homem no toalete estende a mão para a superfície do espelho, a mão direita não danificada. A superfície parece macia, como um líquido grosso. Sua mão passa através do espelho e aí o restante de seu corpo atravessa também. Agora ele é o homem além do espelho e o espelho está atrás dele, e está escuro. Ele é o estranho que tem de desempenhar seu papel.

No mundo-espelho, não dá para ver o outro, o mundo-toalete. O retângulo do espelho é escuro, como uma tela de cinema antes de o filme começar. Então o filme começa. Ele está no quarto das crianças na casa de sua família em Bombaim, com uns sete anos talvez, deitado numa cama lendo um livro. Suas irmãs atentas, enlevadas. O livro é *Peter Pan*. Ele conhece essa cena. É uma foto tirada por seu pai com uma câmera Rolleiflex. Samin e ele têm ampliações da foto na parede, em casa. É um idílio de criança que mascara a verdade.

A imagem muda. O livro está fechado e é mais tarde, à noite. Eles ouvem os ruídos noturnos dos pais, abafados por portas fechadas. Os gritos do pai. O choro da mãe.

A imagem muda de novo. Ele não é mais criança. É adolescente. É dia e seu pai está agredindo sua mãe e ele faz algo que nunca pensou que pudesse fazer. Vai até o pai e dá-lhe uma forte bofetada. Então, imediatamente, ele pensa: *Ah, meu Deus, agora ele vai me bater de volta*. Seu pai não era um homem alto, mas era muito forte. *Ah, meu Deus, ele vai quebrar meu maxilar*. Mas o pai se afasta e o deixa incólume. Será que ficou com vergonha?

Agora ele tem 34 anos e é autor de um livro de sucesso, seu pai ameaça se divorciar de sua mãe por causa desse livro. O retrato de seu pai no livro ofendeu seu pai, porque o pai do livro tem problemas com a bebida. *Você pôs o menino contra mim*, o pai acusa a mãe. *Senão ele não teria coragem de fazer isso. Como ele sabe de tudo isso?* Ele quer dizer ao pai: *As crianças escutam atrás de portas fechadas*. Ele quer dizer ao seu pai: *Se eu quisesse realmente te atingir, teria posto no livro tudo o que deixei de fora*.

Ele deixa a casa da família e só volta na semana da morte do pai. O espelho está escuro outra vez.

Tem a reabilitação do corpo, mas tem também a reabilitação da mente e do espírito. Quando deixei a casa da família em Londres, foi a primeira vez que atravessei o espelho e tive de redescobrir e refazer, reabilitar, a mim mesmo em outra realidade, e desempenhar um novo papel no mundo. Depois da *fatwa* de Khomeini, tive de fazer tudo de novo. Quando troquei Londres por Nova York, foi a terceira vez. E agora esta, aqui no Rusk, é a quarta.

"Tudo bem aí?", a enfermeira pergunta.
"Tudo. Só preciso de algum tempo."
"Sem pressa. Puxe a cordinha quando terminar."

Aquela primeira reabilitação. Pirsig nos diz, em *Zen e a arte da manutenção de motocicletas*, que iniciativa é o que o espírito precisa para se colocar num bom lugar. E o espírito adquire iniciativa ao entrar em contato com a Qualidade:

> Eu gosto da palavra "iniciativa" porque... ela descreve exatamente o que acontece quando alguém se conecta com a Qualidade. Fica-se cheio de iniciativa...
> Uma pessoa cheia de iniciativa não fica sentada por aí se dissipando e se afligindo sobre as coisas. Ela está na frente do trem de sua própria consciência, observando para ver o que vem pelos trilhos e recebe o que vem.

Durante um bom tempo depois que deixei a casa paterna para fazer uma vida em Londres, eu não estava na frente do trem de minha própria consciência. Tinha um emprego, mas não era o trabalho que eu queria. Tentei escrever, mas não escrevi nada que merecesse ser lido. Mesmo quando publiquei meu primeiro romance, uma boa parte dele logo me pareceu errada. Eu não ouvia minha voz na maioria das frases e não tinha certeza do que ou de quem era o eu que tentava ouvir. Naquela época, eu sempre perguntava ao espelho do banheiro quem era eu, e o espelho não tinha uma resposta. Só quando encontrei meu rumo para o livro que veio a ser *Os filhos da meia-noite*, um livro em que tentei recuperar não só a Índia, mas a mim mesmo, que ocorre numa cidade, Bombaim, grande parte da qual foi construída em terra conquistada do mar, foi que me "conectei com a Qualidade", e depois disso chegou o autoconhecimento, o tanque de iniciativa estava cheio. Eu não queria consertar nenhuma motocicleta, mas aprendi que, através da literatura, podia consertar a mim mesmo.

A segunda reabilitação.

Depois da *fatwa* e da década subsequente de vida semissecreta sob proteção policial, cheguei perto de me perder mais uma vez e, durante algum tempo, me debati de novo. O perigo era real; a hostilidade generalizada era ainda pior. A razão por que fiquei não apenas consolado pela onda de bons sentimentos enviada a mim depois do ataque à faca, mas também surpreso, foi que após a *fatwa* houve algum apoio semelhante, mas também uma ferina quantidade de duras críticas. No Ocidente, muitas vozes, não apenas os já mencionados Hugh Trevor-Roper, Richard Littlejohn, Jimmy Carter e Germaine Greer, disseram: *Ele mesmo pediu por isso, viu-se em dificuldades com "sua própria gente" e agora nós temos de tirá-lo disso, ele criticou o governo da sra. Thatcher, mas agora o governo dela está pagando para salvar a pele dele e ele acha bom, e existe de fato alguém que quer matá-lo? Ou ele apenas gosta de chamar atenção? E por que gastamos todo esse dinheiro para protegê-lo quando parece que ele está indo muito bem? E, de qualquer forma, nós não gostamos dele porque não é um homem muito bom.*

(Só para lembrar: pelo que sei, houve ao menos seis conspirações para me assassinar durante os anos posteriores à *fatwa*, frustradas pelos serviços de inteligência britânicos.)

Ainda mais dolorosa foi a rejeição das pessoas sobre as quais eu havia escrito, pensava eu, com amor. Eu podia suportar o ataque do Irã. Era um regime brutal e eu não tinha nada a ver com ele, a não ser pelo fato de que tentavam me matar. A hostilidade emanada da Índia, do Paquistão e das comunidades sul-asiáticas do Reino Unido foram muito mais difíceis de suportar. A ferida continua aberta até hoje. Tenho de aceitar essa rejeição, mas é difícil. Entrei em uma outra espiral para baixo durante aqueles anos e levou algum tempo para eu me encontrar e começar a descobrir a linguagem com a qual reagir, e embarquei na defesa dos princípios da livre expressão, uma questão muito mais ampla do que a defesa do meu trabalho, que se tornara parte importante da minha vida. Se a hostilidade contra mim continuava, que assim fosse. Fiz da literatura e da imaginação a minha morada e fiz o melhor trabalho que pude.

Quanto à segurança, os anos passaram e entendi que, se eu esperasse alguém me dizer "está tudo bem agora, você está em segurança", esse dia não chegaria nunca. A única pessoa que podia tomar a decisão de emergir da segurança da proteção policial 24 horas por dia e começar a levar uma vida normal de novo era eu mesmo.

Tomei a decisão. Mudar para Nova York no ano 2000 foi parte disso, porque nos Estados Unidos não existe uma autoridade governamental insistindo em me manter no punho das forças de segurança. Eu podia fazer minhas próprias escolhas. Mas isso, a segunda migração transcontinental de minha vida, tinha os seus problemas.

* * *

A terceira reabilitação.

Para refazer a minha vida de liberdade, para me reabilitar fora do mundo de máxima segurança e me reintroduzir na sociedade educada, eu tinha primeiro de superar o medo que a minha simples presença era capaz de provocar nos outros. Andrew Wylie me convidou para ficar com ele e sua esposa, Camie, em sua casa em Water Mill, Long Island, para comemorar minha mudança para os Estados Unidos. E uma noite me levaram para jantar no sofisticado restaurante Nick & Toni em East Hampton, que eu não conhecia. Logo depois que nos sentamos, o artista Eric Fischl passou e parou para cumprimentar Andrew. Então fez um gesto em minha direção. "Será que devemos todos ficar com medo e sair do restaurante?", ele me perguntou. Tentei manter a calma. "Bom", eu disse, "eu estou jantando. Você faça o que quiser."
Aprendi uma lição com esse breve encontro. O único jeito de parar de acharem que eu era uma espécie de bomba ambulante era me comportar, sempre e em público, como se não houvesse nada a temer. Só anunciando a minha própria ausência de medo eu poderia aos poucos convencer os outros a não se apavorar quando eu aparecia. Não foi fácil. O *New York Post* me colocou na primeira página e publicou um cartum numa página interna sugerindo que eu podia ser morto em Nova York. Um amigo americano que morava em Londres me escreveu para dizer que, se eu não contratasse um serviço de segurança imediatamente, "o que nós todos tememos" podia acontecer a qualquer momento. Milan tinha quase quatro anos e sua mãe, Elizabeth, relutava em deixá-lo vir e ficar comigo. E eu não tinha nenhuma maneira de ter certeza de que não havia nada a temer. Tinha apenas os meus instintos que diziam *Viva. Viva.*

Foi o que fiz. Adotei um programa deliberado de saídas de

alta visibilidade onde eu seria fotografado e minha presença provavelmente estaria na mídia. E funcionou. As pessoas se acostumaram com a ideia de minha proximidade, vivendo a minha vida sem causar problema a ninguém. Conquistei a liberdade vivendo como homem livre. Eu me tornei aceitável.

Não agi apenas por instinto. Me reuni com funcionários do Departamento de Polícia de Nova York no escritório da Agência Wylie e eles me garantiram que não tinham conhecimento de nenhuma ameaça contra mim na área de Nova York. "O *Post* de fato ajudou", disse um oficial. "Porque se aquele tipo de publicidade não provocou nenhuma agitação, foi informação útil. Depois daquilo não aconteceu nada. Em todos os canais que monitoramos, o interesse é zero." Era uma coisa tranquilizadora de ouvir.

Houve um inesperado e infeliz efeito colateral de minha estratégia de retomada. Talvez porque a mídia achasse chocante meu reaparecimento depois de uma década de quase invisibilidade e porque para os tabloides — na verdade, não só para os tabloides — se tornara prática usual retratar qualquer coisa que eu dissesse ou fizesse sob uma luz negativa. Quase da noite para o dia, fui rotulado como raso, frívolo, pouco sério, um "rato de festa" em busca de celebridade. Não havia quase nenhuma tentativa de entender como seria ser eu e quase nenhum contentamento pelo fato de que eu, afinal, me sentia capaz de emergir do casulo da segurança. Essa imagem de "rato de festa" tem se mostrado deprimentemente duradoura. Depois dos acontecimentos de 12 de agosto, até mesmo um de meus amigos mais próximos sucumbiu a ela e disse, numa entrevista de televisão, que, agora que eu não podia mais frequentar coquetéis, podia me concentrar na escrita. Algo assim. Quando protestei, ele me disse que tentara fazer uma piada. Admitiu que não tinha, como ele mesmo disse, "caído bem".

Surge a questão (que me fizeram muitas vezes desde o ataque): eu estava errado em criar para mim essa nova vida, mais despreocupada? Em retrospecto, deveria ter sido mais cauteloso, menos aberto, mais cônscio do perigo escondido nas sombras? Será que eu mesmo criei esse paraíso de tolo e descobri, vinte anos mais tarde, o quanto fui tolo? Será que eu, por assim dizer, me fiz vulnerável à faca?

Em outras palavras, como tanta gente sempre disse, foi tudo culpa minha mesmo?

Com toda a sinceridade, naqueles primeiros dias de fraqueza física e desânimo na ala de trauma em Erie, foi uma pergunta que fiz a mim mesmo. Mas, ao ficar mais forte de corpo e mente, rejeitei enfaticamente essa análise. Lamentar o que foi a sua vida é a verdadeira loucura, eu disse a mim mesmo, porque a pessoa que lamenta foi moldada pela vida que lamenta a posteriori. É provável que haja exceções a esse princípio, mas muito poucas das pessoas que devem lamentar pela vida — Donald Trump, Boris Johnson, Adolf Eichmann, Harvey Weinstein — jamais o fazem. De qualquer forma: se o princípio geral se sustenta ou não, na situação em que me encontro, se sustenta para mim. Fazia quase 23 anos que eu levava em Nova York uma vida cheia, rica. Cometi erros pelo caminho, muitos erros, e algumas coisas eu podia ter feito melhor, e lamento por isso, mas minha vida em geral? Fico contente de tê-la vivido, e tentei vivê-la o melhor possível.

O transtorno de estresse pós-traumático pode se manifestar de uma grande variedade de maneiras: infindáveis reprises do evento traumático, súbitos ataques de pânico, depressão. Eu não tive nenhum desses sintomas. O que tive, o que, ao escrever isto aqui, ainda tenho várias vezes por semana, foram e são pesadelos.

Acordado em meu quarto no Hamot, eu ouvia os gritos e gemidos de meus vizinhos. O que não ouvia eram as minhas próprias performances noturnas. Mas havia pesadelos toda noite, eu me virava na cama, gritava, berrava, e por sorte a cama tinha guardas de ambos os lados, senão eu certamente teria caído no chão. Acordada pelo meu barulho, Eliza segurava minha mão, me despertava com delicadeza e me dizia que estava tudo bem. Mas não estava. Em minhas horas de vigília, eu tentava ficar calmo, contido, otimista, determinado. Mas quando dormia, todas as minhas defesas se abriam e os horrores da noite chegavam até mim. Meu eu desperto, com seu esforçado autocontrole, era, de certa forma, uma mentira. A louca linguagem noturna de meus sonhos contava a verdade. "Linguagem noturna" é uma expressão joyceana, mas não vou tentar reproduzir aqui a linguagem de *Finnegan's Wake*, o monumental esforço de Joyce para criar na página a sintaxe de nossas mentes no sono. Descrições mais simples dos meus sonhos haverão de bastar.

Os sonhos não eram reprises do ataque, mas eram predominantemente violentos. Neles, a figura do "eu" era perseguida ou atacada por um inimigo, em geral armado com uma lança ou espada, como o inimigo com o qual eu tinha sonhado pouco antes de partir de casa para Chautauqua. Às vezes, a locação era uma arena, às vezes uma jaula, às vezes o campo aberto ou uma rua da cidade. Mas eu estou sempre em fuga, sempre perseguido, e muitas vezes perco o equilíbrio e me vejo rolando da esquerda para a direita no chão, tentando evitar os golpes de cima para baixo do inimigo. Nesses momentos, eu me mexia na cama também.

Eu não era o personagem central em todos os sonhos. Sonhei com o duque da Cornualha no ato de cegar o conde de Gloucester no *Rei Lear*. Para ser preciso, sonhei com minha lembrança de sessenta anos atrás, quando, estudante de quinze anos, fui numa excursão da escola até Stratford-upon-Avon para ver a famosa produção de Peter Brook de *Lear* pela Royal Shakespeare Company, com Paul Scofield como o rei, Diana Rigg como Cordélia e, como o trágico Gloucester e o perverso Cornwall, John Lawrie e Tony Church. "Eu vou escorar o pé nos teus dois olhos!", "Me ajuda! Oh, crueldade, oh, deuses!", "Saia, geleia abjeta! E, agora, onde e que está tua luz?" Meu eu jovem ficou horrorizado com a cena e nunca a esqueceu. Nunca sonhei que uma versão de desgraça de Gloucester seria imposta a mim. Mas sonhava com isso agora.

Havia também um sonho estranho que parecia com a grande pintura de Géricault, *A jangada da Medusa*, trazida à vida, só que as pessoas na jangada eram todas surrealistas, Max Ernst, René Magritte, Salvador Dalí, Luis Buñuel, até Leonora Carrington, e todos lutavam selvagemente, tentando arrancar os olhos uns dos outros.

Sonhei que me vi encurralado numa multidão de pessoas com rostos de cerâmica.

Sonhei que estava em um avião que fazia um pouso forçado enquanto os passageiros gritavam: "Vamos todos morrer".

Sonhei com uma cidade murada e sitiada e tendo eu próprio como chefe da cavalaria, galopando em socorro, mas no sonho eu sabia que nossa cavalgada chegava tarde demais, que não conseguiríamos chegar a tempo de evitar que a cidade fosse saqueada e incendiada.

Sonhei sobre o quanto eram baratas as vidas humanas, compradas e vendidas num mercado de rua, por moedas antigas: *annas, pice; shillings, farthings*.

Sonhei que voltava a minha amada Bombaim, não Mumbai, me ajoelhava para beijar o asfalto ao descer do avião, mas quando erguia os olhos, havia uma multidão gritando para mim "*Dafa ho*". Fora.

Sonhei com assassinatos casuais. E o assassino era eu. E matar dava alegria. Ao acordar tinha Johnny Cash na cabeça, "Folsom Prison Blues". "*I shot a man in Reno, just to see him die!*"

* * *

Eu não começaria a trabalhar com a mão esquerda, ou usá-la de qualquer forma, até a marca das seis semanas. Estava presa numa tala como um pássaro engaiolado. Enquanto isso, minha terapeuta ocupacional, Rose, simpática, direta, com o mesmo nome de minha neta, me ajudou a aprender como se espreme a pasta de dentes na escova com uma só mão, como me lavar no chuveiro com uma só mão, como viver, ao menos temporariamente, num mundo de mão única. Também de um olho só. Quando você não sabe o que ou quem vem vindo da direita, você tem de ensinar a si mesmo a virar a cabeça inteira com frequência, para olhar naquela direção. E tem de tentar impedir que isso te deprima. Tem de aprender melhor a servir água num copo, confiando que o cérebro fará os ajustes necessários para compensar a perda.

Sua respiração tem de ser controlada regularmente, inalar, exalar, existem máquinas para testar a sua força em ambas as ações. Consegue sair da cama (depois de desligar o despertador) e caminhar? Consegue ir até a porta do quarto e sair? Consegue caminhar por todo o andar e voltar? Consegue caminhar até a academia de terapia física, onde sua sorridente, um tanto glamorosa terapeuta física, Faye, se encarrega de você depois de Rose? Consegue usar a bicicleta de exercício? Agora consegue ir mais depressa? Agora, se aumentarmos o peso você ainda consegue? Dez minutos? Vinte? Consegue atravessar a academia andando do calcanhar para os artelhos? Consegue andar para trás? De lado? Subir aquela escada? Descer aquela escada? Consegue encontrar o caminho no pequeno labirinto que Faye montou para você? Está sentindo tontura? Está tudo bem? Consegue ver os objetos que ela espalhou pela academia, alguns embaixo, outros em cima, alguns ao nível do olhar? Consegue passar nos testes para determinar se você pode ser considerado apto a ser solto no mundo?

Ah, você ainda não está muito forte, não é?, não muito estável. Está vendo? Está fazendo muito melhor. Isso é ótimo. Agora, de novo. Você é muito determinado, Rose e Faye me diziam. Isso é ótimo. Vai ajudar.

Durante quatro horas por dia, Rose e Faye me fazem bem. Estou ficando mais forte, mais capaz de lidar com os novos problemas da vida cotidiana. E quando a medicação que bloqueava a urina foi suspensa, eu senti uma onda de otimismo. Muito em breve poderia retomar trabalhos normais. E uma prova encadernada de *Cidade da vitória* chegou. Para mim, o melhor momento de todo o processo da publicação de um livro é este, o momento em que você segura na mão pela primeira vez o seu livro impresso e sente então a realidade dele, a vida dele. Por causa do que havia acontecido comigo, já era muito citada a última página de *Cidade da vitória*, quando o personagem central, o poeta Pampa Lampana, comemora o poder das palavras de sobreviver a impérios e conclui com a frase "As palavras são as únicas vitoriosas". Eliza me pediu para ler a página para ela filmar. Ao ler, senti um nó na garganta. Tive de lutar para conter as lágrimas.

Afinal eu ainda era, ou seria de novo, um escritor que tinha escrito um livro.

Eliza me pediu para falar sobre *Os versos satânicos* para ela gravar.

Quando comecei a escrever esse livro, nunca me ocorreu que eu não tinha permissão para escrevê-lo. Tinha aquelas histórias que eu queria contar e estava tentando achar o jeito de contá-las. Foi só isso que eu fiz.

(Às vezes, acho que sou de uma outra época. Me lembro de estar no jardim de nossa casa quando criança, nos anos 1950, ouvindo meus pais e seus amigos que riam e brincavam sob o sol, discutindo desde política contemporânea até a existência de Deus, sem sentirem nenhuma pressão para censurar ou diluir suas opiniões. Me lembro de estar no apartamento de meu tio favorito, Hamid Butt, que às vezes escrevia para o cinema, e sua esposa bailarina, Uzra, que às vezes trabalhava nos filmes. Observava-os quando jogavam cartas com a turma dos *filmi* de arte, falando em linguagem ainda mais absurda sobre tudo e nada, e rindo ainda mais loucamente do que os amigos de meus pais. Foram os cenários onde tive a primeira lição de liberdade de expressão: que é preciso tomá-la como fato consumado. Se você tem medo das consequências do que diz, então você não é livre. Quando eu estava fazendo *Os versos satânicos*, nunca me ocorreu sentir medo.)

Na verdade, durante algum tempo, eu achava que não seria um livro, mas três. Um livro sobre a aldeia que caminhou para dentro do mar, um segundo sobre a questão do nascimento de uma religião e o terceiro, mais longo, sobre imigrantes do Sul da Ásia em Londres. Então, eu estava num avião a caminho de um festival literário na Austrália e entendi que todos eram episódios da vida do arcanjo Gabriel e vi que era um livro só. Gibreel Farishta. Gibreel, Gabriel e Farishta, anjo. Era isso. Eu não estava tentando ofender ou insultar ninguém. Estava tentando escrever um romance.

Sinceramente, eu ficaria feliz de nunca mais falar sobre *Os versos satânicos*. Meu pobre livro ultrajado. Talvez um dia ele e seu ultrajado autor sejam ambos livres de novo.

Eu estava muito mais feliz pensando em meu novo livro.

Meu querido amigo Martin Amis dizia sempre: "Quando você publica um livro, ou você é absolvido ou é condenado". Eu esperava que nessa ocasião eu fosse absolvido.

Havia rumores não confirmados de que tinham me transportado de Erie para Manhatan por meios desconhecidos e eu agora era paciente no Rusk. Durante vários dias depois da minha chegada, havia presença da mídia na rua diante do hospital. Depois da terceira visita de Milan, quando ele estava saindo, um carro o seguiu e um homem chamou seu nome. "Milan!" Ele continuou andando, o carro emparelhou com ele e de novo o homem chamou "Milan!". Milan teve a presença de espírito de virar à direita, contra o fluxo do tráfego, o que impediu que o carro continuasse a segui-lo. O homem nunca mais apareceu, mas Milan ficou preocupado. Porém manteve a calma. Estava em Nova York para ajudar a cuidar do pai, e isso é que interessava.

No dia do ataque, houve fotógrafos extremamente agressivos na calçada em frente de nossa casa, e Eliza tinha sido agarrada, sacudida e empurrada ao tentar chegar ao serviço de táxi, já perturbada pela ideia de que estava correndo para ver seu marido agonizante. Depois dessa experiência, ela não conseguiu mais fazer o que sugeri e simplesmente ignorar os paparazzi. A seu ver, estranhos desconhecidos a perseguiam. Como podia ter certeza de que tinham apenas câmeras nas mãos?

Ela dormia em casa, mas os fotógrafos não ficavam lá a noite inteira. Se ela saísse cedo de manhã, conseguia evitá-los, mas tinha trabalho a fazer, estava nos estágios finais de revisão de *Promise*. Diante do que acontecera em nossa vida, não era tarefa fácil, para dizer o mínimo. Mas ela é uma mulher determinada e conseguiu. Quando tinha de sair com o cachorro, um velho border terrier chamado Hero, via os fotógrafos à espreita. Às vezes, eles ficavam em seus carros (por essa altura ela conhecia os carros), às vezes baixavam os vidros e apontavam os focinhos de suas câmeras para ela. Às vezes, saíam e faziam fotos. Esse ritual invasivo se repetia quando ela saía de casa à tarde para ir ao Rusk. Nenhuma dessas fotos jamais foi publicada. Ela não era a pessoa que eles queriam fotografar, mas mesmo assim a assediaram durante semanas. Certos aspectos da liberdade de imprensa não são fáceis de defender.

Milan queria falar sobre Trump. Eu não, de verdade. Mas mesmo assim disse: "Se ele for reeleito, pode se tornar impossível viver neste país".

Vi os olhos dele se acenderem. "Quer dizer que você pode voltar para a Inglaterra?" Eu vi, não pela primeira vez, o quanto ele queria isso e que depois do ataque e à luz de seu medo de voar muito real, ele queria ainda mais.

"Não sei", eu disse. "A Grã-Bretanha do Brexit está bem horrível também." Mas, acrescentei, antes do ataque, Eliza e eu vínhamos falando de passar mais tempo em Londres porque, afinal de contas, quase todos os meus familiares mais próximos moravam lá. Porém não era o momento de discutir isso, falei. Só precisava me recuperar. "Vamos deixar essa conversa em suspenso."

Estava dividido entre Londres e Nova York. A verdade é que prefiro morar em Nova York, mas o incentivo da família e da maioria dos meus amigos mais antigos é muito grande. Eu continuo sem poder responder à pergunta de Milan. Vamos deixar essa conversa em suspenso.

À medida que os dias se transformavam em semanas, eu me recuperava. Mas ainda não tinha acabado. Mesmo que fosse apenas por causa do meu outro olho, o olho que restou.

No livro *1984*, de George Orwell, quando as pessoas são levadas para a Sala 101 no porão do Ministério do Amor, o que encontram naquela temível câmara de tortura é, segundo o malvado O'Brien, agente da Polícia do Pensamento, "a pior coisa do mundo". A pior coisa do mundo era diferente para cada indivíduo. Para Winston Smith, protagonista do romance, a pior coisa do mundo são ratos.

Para mim, sempre foi e ainda é a cegueira.

Muitos leitores de *Cidade da vitória* se perguntaram se a cena em que cegam a heroína foi escrita, ou reescrita, depois do ataque de 12 de agosto. Alguns até acharam difícil acreditar que não foi. Mas não foi. Quando escrevi a cena, estava escrevendo sobre um medo de vida inteira: "a pior coisa do mundo". E agora tinha perdido meu olho direito e o esquerdo sofria de degeneração macular, um problema de retina que pode levar à perda quase total da visão. E era o único olho que me restava.

O tratamento que eu vinha fazendo, por vários anos, consistia em injeções diretamente no branco do olho, todo mês ou pouco mais. Recebi uma injeção dessas em meu período no Rusk; depois da alta, eu voltaria ao meu especialista em olhos usual, que me disse que eu estava reagindo excepcionalmente bem à medicação e minha situação era estável.

Só posso esperar que continue sendo esse o caso. Se não, serei trancado na Sala 101 por todo o tempo que me resta.

Além disso, minha pressão sanguínea era preocupante. Era baixa e quando eu me levantava baixava ainda mais, ficava tonto e eu tinha de me sentar. Comentei com uma das enfermeiras que vinham conferir meus sinais vitais que estava surpreso porque nunca antes tivera problema de pressão. Ela respondeu com gentileza: "Você perdeu muito sangue, sabe?".

Me pediram para usar um colete fortemente fechado com Velcro, para ajudar a impedir a queda brusca de pressão. Ajudou. Em duas ocasiões, fizeram transfusões de sangue. Ajudaram também. Passaram a me dar um remédio destinado a elevar a pressão sanguínea e começou a dar certo. As medições ainda resultavam baixas, mas estavam no limite do aceitável. Não era nada mau.

Com o passar das semanas no Rusk, fui perdendo um pouco de iniciativa. Comecei a me irritar com pequenas coisas: por exemplo, o tempo que a enfermeira levava para aparecer depois que eu tocava a campainha, o que podia ser um verdadeiro problema se eu precisasse ir ao banheiro e não pudesse sair da cama sozinho porque ela começaria a gritar. (Por essa altura, eu sentia as pernas fortes e era perfeitamente capaz de andar até o toalete, mas era um prisioneiro na cama.) Eu achava que tinha sido um bom paciente, mas agora estava impaciente. Falei para Eliza: "Temos de começar a falar de uma data para a alta".

Nos deram uma data provável: sexta-feira, 23 de setembro, que seria exatamente três semanas depois da chegada ao Rusk, exatamente seis semanas depois do ataque. Mas, quando foi chegando perto da data, me disseram que preferiam atrasar pelo menos alguns dias.

O chefe da equipe, que chamarei de dr. O., veio me ver, na sua ronda, para me dizer isso. A equipe tinha se reunido para discutir o meu estado, e esse adiamento era o ponto de vista coletivo. Mas eu havia me fixado naquela data e adiar parecia insuportável. Tive uma explosão emocional. Precisava voltar para casa, eu disse. Aquele lugar estava ficando ruim para mim. Estava tudo em ordem. Minha terapeuta física, Faye, disse que eu tinha passado nos testes que permitiram me declarar apto à dispensa. A terapeuta ocupacional, Rose, declarou estar satisfeita com meu progresso. As feridas pareciam cicatrizadas. A pressão sanguínea estava sob controle. Me deixem ir embora.

"Se for embora", disse o dr. O., delicadamente, "será contra a visão dos médicos."

"Tudo bem", eu disse, com um excesso de sentimento na voz. "Eu aceito."

Se não me falha a memória, isso foi na quarta-feira. Na quinta, saí da cama (tinham retirado o alarme) e me senti de repente muito tonto. Sentei-me depressa. Os médicos estavam certos e eu estava errado. Precisava ficar até que a pressão sanguínea estivesse de fato controlada.

Enquanto isso, Eliza e Samin conversavam. Estavam preocupados com minha volta para casa. Se os paparazzi estivessem vigiando o endereço, outras pessoas podiam estar vigiando também, e essas outras pessoas podiam portar outras coisas além de uma câmera com uma teleobjetiva. Foi Samin quem me disse que Eliza tinha outros planos. Bons amigos tinham oferecido o uso de seu loft no SoHo. Eles estavam em Los Angeles, só voltariam a Nova York para o dia de Ação de Graças e adorariam ajudar. Diriam ao porteiro que nós íamos ficar lá e forneceriam a ele um pseudônimo que combinaríamos entre nós. Seria uma coisa totalmente privada, o meio mais seguro de eu voltar ao mundo. Quando Samin me contou isso, minha reação foi negativa. Eu queria era ir para casa, ter meus livros à minha volta. Mas quando vi que Eliza e Milan se uniram pela solução do SoHo, eu cedi. "Tudo bem", disse, "vamos para lá."

Eliza entrara em contato com serviços de segurança profissionais. Ela me disse qual preferia e fizemos contato com eles. Não seria barato, mas, ao menos para o futuro previsível, parecia necessário. Nossa segurança mandaria uma equipe para me tirar do Rusk quando chegasse a hora e estabeleceriam uma ligação com o NYPD também. Me senti um pouco como um pacote em preparação para entrega, mas aceitei as regras.

Na segunda-feira, 26 de setembro, a equipe médica do Rusk me liberou. A reabilitação tinha terminado. Depois de mais de seis semanas, em dois hospitais, eu podia voltar ao mundo.

PARTE DOIS
O ANJO DA VIDA

5. De volta ao lar

O plano era deixar o Rusk às três da madrugada, tão silenciosamente quanto possível, e cruzar a cidade noturna deserta para chegar à Mercer Street evitando olhares curiosos. Eu estava de malas prontas à uma e Eliza chegou uma hora depois, acompanhada, para apoio moral, de nossa querida amiga Suphala, uma extraordinária tocadora de tabla. Nós nos abraçamos com alegria. Eliza parecia muito estressada, mas tentava disfarçar, porque eu estava na maior animação. (Percebi sua tensão, de qualquer forma.) Deram-nos um envelope contendo os papéis da alta, um cronograma das medicações, frascos de comprimidos (analgésicos, se necessário, Lipitor e algo para elevar minha pressão arterial), um inalador de asma e uma pomada antibiótica para o olho. Por garantia, pus o colete de velcro, assim conseguiria caminhar sem sentir tontura. Na porta havia um segurança da nossa equipe junto com um policial da NYPD, e a saída teve início. Nesse mesmo dia haviam descido comigo para me mostrar a porta lateral que usaríamos, para eu me familiarizar com a rota e verificar se conseguiria dar conta da curta escadaria até o andar térreo.

Cheguei de maca e vou embora com meus dois pés, pensei, permitindo-me um momento de autocongratulação. Um SUV Escalade preto aguardava com o motor ligado. Dispondo de apenas uma mão, não foi fácil entrar, mas consegui fazer isso sem ajuda. Eliza e Suphala também entraram, e partimos.

Nunca fiquei tão extasiado de andar por Manhattan. Lembrei-me da sensação parecida que tive quando peguei um táxi para casa em 29 de junho de 2016, pouco após fazer o juramento como cidadão americano. Naquela tarde a cidade parecera subitamente diferente, como se a partir dali me pertencesse, ou eu a ela. Fora uma sensação marcante. Dessa vez, foi mais ainda, e prometi para mim mesmo, conforme cruzávamos a noite nova-iorquina: *Quero recuperar o máximo da minha vida que puder aqui; quanto antes, melhor.*

Entramos no prédio na Mercer e fomos recebidos com um aceno pelo porteiro noturno, que não deu sinal de nos reconhecer. Subimos e, ao entrar no belo apartamento de nossos amigos, pensei: *Livre. Estou vivo e livre.* Eram três e meia e fui direto para a cama grande, confortável e, sem dúvida, não rangente. Me deitei e Eliza se deitou ao meu lado, e então, de repente, começou a chorar incontrolavelmente, dando vazão ao seu estresse.

"Meu marido está em casa", soluçou. "Meu marido está em casa."

Há momentos, como esse, em que os eventos são dolorosos de descrever.

Pudemos nos dar ao luxo de dormir até tarde sem a interrupção de coletas de sangue às quatro da manhã, enfermeiras às cinco ou médicos às seis. Nas noites passadas em um hospital, a escuridão é uma mercê esporádica, e o leito não é seu amigo, assim o conforto da cama na Mercer Street e a escuridão propiciada pelas cortinas do quarto foram novidades reconfortantes. Não queríamos que o dia começasse. Quando afinal nos levantamos da cama e abrimos as cortinas, a cidade se revelou diante de nós como uma dádiva. O loft tinha janelas em três paredes, assim em direção ao centro dava vista para a altura vertiginosa do edifício One World Trade, a oeste, além do Village, para o rio Hudson, e ao norte, além das torres residenciais dos docentes da Universidade de Nova York na Bleecker Street, para o distante Empire State Building. Na cobertura, nossos anfitriões haviam criado um deslumbrante jardim no céu. Podia não ser um lar, mas era maravilhoso. Como férias.

Nos primeiros dias, não ficamos completamente a sós. Eliza queria o auxílio de alguém treinado, caso houvesse dificuldade em cuidar de mim, e contratou um serviço de enfermagem vinte e quatro horas, com pessoal dia e noite, para permanecer conosco. Por sorte, logo concordamos que não seria necessário. Só de estar fora do hospital já parecia uma cura. Eu me sentia mais forte a cada dia.

A paz, a quietude e a ilusão de uma volta à vida privada duraram dois dias. Então o mundo médico nos alcançou e me segurou em suas garras, dizendo-me que eu ainda estava longe da recuperação. Para ser mais preciso: recebi a primeira visita de minha terapeuta de mão. Monica era uma sino-americana miúda, sorridente e simpática, amante de livros, leitora voraz e absolutamente impiedosa em sua tarefa de fazer minha mão recuperar os movimentos.

"Isso vai doer."
"Aii!"
"Vai doer mais ainda."
Seriam três sessões semanais. A primeira coisa que fez, nessa

visita, foi remover a tala. "Não precisa mais disso." Na mesma hora, senti a mão esquerda livre, embora Milan me contasse depois que "você não conseguia mexer um dedo, pai". Monica afirmou que os tendões estavam curados. As seis semanas haviam passado, e agora, avisou ela, eu deveria exercitar e usar a mão tanto quanto possível; algo mais fácil de falar do que de fazer, com a mão praticamente paralisada.

Os tendões ali passam por canais, e agora que estavam inteiros outra vez precisavam reaprender a se mover para cima e para baixo dentro desses canais. Em minha inocência, eu pensara que a fisioterapia resolveria o problema em alguns meses. Agora descobria que não era necessariamente tão simples assim. Havia uma chance real de que, em vez de os tendões começarem a deslizar suavemente em seus canais e permitirem à mão retomar seus afazeres de costume, agarrando e largando e assim por diante, outra possibilidade desagradável tivesse lugar: em vez de se soltarem, podiam aderir aos canais e ficar imobilizados, e nesse caso mais cirurgias complicadas seriam necessárias para tentar desemperrá-los. Saber disso me desanimou, mas ao mesmo tempo proporcionou-me uma forte motivação para me empenhar ao máximo no trabalho de recuperação. Se fosse doer, que doesse. Só queria minha mão de volta.

A primeira tarefa de Monica era cuidar do sangue seco que desfigurava minha palma e além disso dificultava ainda mais que as coisas começassem a se movimentar. Ela o raspava sempre que vinha. Usava uma variedade de ferramentas em suas visitas. Pareciam estranhos monstros marinhos azul-esverdeados, translúcidos, e funcionavam como instrumentos de tortura. Ela também me passou exercícios para fazer em sua ausência e uma ferramenta zumbidora para usar no tecido cicatrizado.

"Não consigo fazer isso com a mesma força que você", falei.

"Eu sei", ela respondeu. "É difícil provocar dor em si mesmo."

A saga da minha mão se estenderia pelos seis meses seguintes. Fora as sessões com Monica, eu tinha uma consulta a cada seis semanas, mais ou menos, com um cirurgião de mãos no NYU Langone, o dr. Y. Em nossa primeira conversa, ele não foi exatamente encorajador. Informou-me, sem rodeios, que "no caso de lesões graves como a sua, o prognóstico não costuma ser dos mais otimistas".

Além do movimento, havia também o problema da sensibilidade. Na questão do movimento, no início era muito reduzido. Quanto à sensibilidade, eu tinha um pouco no polegar e no indicador, nenhuma no dedo médio nem no anelar, um pouquinho no mínimo. Na palma, havia sensibilidade entre a cicatriz e o pulso; acima da cicatriz, nenhuma. O dr. Y. não sabia dizer até que ponto a sensibilidade voltaria, se é que voltaria. Ele esperava que Monica conseguisse recuperar pelo menos um pouco do movimento. "De resto, é torcer."

Saí do consultório do dr. Y. determinado a provar que ele estava errado. "Sem dó, Monica", falei em nossa sessão seguinte.

"Isso vai doer", ela disse.

"Ai."

Deixem-me acelerar para o futuro. Depois de muito exercício, as juntas dos meus dedos começaram a se dobrar outra vez. A meta que tínhamos diante de nós era que eu fosse capaz de fechar o punho. O primeiro passo seria conseguir tocar a palma da mão com a ponta dos dedos. No dia em que consegui, fiquei exultante. Depois, aos poucos, comecei a ser capaz de curvar os dedos para dentro. O punho sem dúvida estava chegando mais perto.

Eu também precisava estender o polegar através da mão e tocar a ponta do dedo mínimo. Por um bom tempo, foi como viajar no espaço interestelar. Até que um dia — *voilà!* — não era mais. Polegar, apresento o dedo mínimo. Tenho certeza de que vocês dois já se conhecem.

Uma vez por mês, Monica monitorava meu progresso. Em 8 de março de 2023, apenas sete meses após a faca ter penetrado a palma da minha mão, os resultados eram satisfatórios. Não havia mais sangue na lesão, a longa cicatriz suavizara e não impedia mais o movimento do polegar, o sinal de joinha da mão esquerda era idêntico ao da direita, o punho esquerdo estava quase tão bom quanto o direito, os dedos conseguiam se mover com autonomia em relação aos outros e, graças a muito trabalho com a massinha terapêutica, a força da mão começara a aumentar. Ainda não era o bastante, mas estava melhorando. Quanto à sensibilidade, o quadro não mudara muito. O polegar e o indicador estavam bem; havia um pouco mais de sensação no mínimo; nos outros dois — nem tanto. Mas o que chamavam de "sensibilidade protetora" voltara até para esses dedos. Eu conseguia perceber o calor, assim não me queimaria, e podia sentir o contato com coisas agudas, assim não me cortaria. Essas eram sempre as primeiras sensações que voltavam, explicaram-me. *Como o corpo humano era inteligente*, pensei, com admiração. Que grande prodígio, essa coisa que todos habitamos. *Que obra-prima, o homem!*

Na semana seguinte, voltei ao consultório do dr. Y. e lhe mostrei minhas novas habilidades. Ele disse o que todo paciente quer escutar: "Que recuperação milagrosa da sua mão". Milagrosa! É! Isso mesmo! "A sensibilidade deve levar mais uns seis meses para voltar, só resta aguardar, porque os nervos..." Os nervos são lentos! Sei dos nervos lentos! Não tem problema! "Na verdade, pode levar um ano para descobrir quanta sensibilidade vai voltar. Consegue digitar?" Claro. Consigo digitar. Consigo amarrar um cadarço, abrir um vinho, girar uma maçaneta, segurar um copo d'água. Sou quase um ser humano.

"Não será mais necessário continuar a me ver", disse o dr. Y. "E você também não precisa mais da Monica." Fiquei um pouco triste. Monica e eu nos demos muito bem. E ela havia declarado sua intenção de ler todos os meus livros na ordem cronológica. Terminara *Grimus* e lera a maior parte de *Os filhos da meia-noite*. "Ainda tem muito chão pela frente", falei. "Eu chego lá", ela respondeu. "Estou descobrindo que você escreve muito bem." E, com um abraço, se foi, enquanto eu ganhei uma mão móvel outra vez.

Volta a fita.

Posso ter saído do hospital no fim de setembro de 2022, mas os hospitais não saíram de mim. A começar pela semana seguinte ao início da terapia de mão com Monica, seguiram-se três meses de consultas ambulatoriais com especialistas em várias regiões diferentes de minha anatomia, pelos quais fui examinado muitas vezes em íntimos detalhes. Ao final dessa longa sequência de visitas, eu conhecia a rede hospitalar NYU Langone melhor do que jamais havia esperado. E eles, por sua vez, sabiam praticamente tudo sobre mim e minhas entranhas.

(Estávamos preocupados com a segurança, e em todas essas consultas eu era acompanhado por membros da equipe que contratáramos. Foi muito útil conseguirmos morar anonimamente no loft do SoHo, assim minhas idas e vindas aconteciam longe do olhar público.)

Minha primeira consulta era com um urologista. O dr. U. precisava verificar se o problema de urinar que eu tivera no Rusk sumira. Confirmei que sim. Ele queria um exame de sangue. E de urina. Obedientemente, forneci os dois. Então perguntou quando fora a última vez que fizera exame de próstata. Faz algum tempo, respondi. "Vou dar uma olhada", ele disse.

Ah, bom, tudo bem, então, por que não. Estou aqui por causa de um ataque de faca, mas vamos examinar a próstata, claro. Abaixa, abre as pernas, lubrificante, luvas de borracha, aaagh. Isso é desconfortável. Agora está até mais desconfortável. Tudo bem, sem pressa, não precisa se preocupar. E... fim.

Após o exame, uma surpresa desagradável. "Senti uma coisinha", disse o dr. U. "É pequena. Uma pequena protuberância na próstata. Melhor examinar. Vou pedir uma ressonância magnética." Não sabia o que dizer. Sério? Após sobreviver por pouco a uma tentativa de assassinato, agora preciso enfrentar a possibilidade de um câncer? Isso era inaceitável. Era *injusto*.

"Não deve ser nada", afirmou o dr. U.

Acelera a fita outra vez. Uma semana após minha consulta com o dr. U., fiz a ressonância, além de um ultrassom na perna direita, fadada a ficar um pouco mais grossa que a esquerda, e o ultrassom era para verificar se havia coágulos de sangue. A caminho de casa, abri o aplicativo MyChart do Langone. Postavam os resultados rápido. Boas e más novas. A boa notícia era que estava tudo bem com minha perna. A má vinha expressa na maior parte num medicalês incompreensível, mas continha, como que em um letreiro de neon, as palavras inequívocas do inglês normal, *câncer provável*. Na escala de probabilidade de 1 a 5 que usavam, recebi um desgraçado 4.

Câncer provável.

Uma conversa ao telefone com o dr. U. Ele vira os resultados, mas estava intrigado com alguma coisa. O exame comum para câncer de próstata era o PSA, um exame de sangue que mede a quantidade de antígeno prostático específico no sangue. Um valor de PSA elevado é considerado perigoso, enquanto um valor baixo é tranquilizador. O valor do PSA no meu sangue estava baixo: 2,1. Isso normalmente era interpretado como significando "nenhum problema com a próstata". Mas o resultado da ressonância dizia *câncer provável*. Os resultados eram contraditórios. O dr. U. queria uma segunda opinião do chefe da urologia, que entraria em contato comigo. Quando fiz minha videoconferência com ele, descobri que esse homem — o dr. U-2 — era americano de ascendência indiana, meio que um fã. Além disso, muito inteligente. "Quando você estava no Rusk", disse ele, "teve uma certa dificuldade urinária, incluindo uma ITU." É, falei, uma infecção urinária séria, e eu acabara de terminar o tratamento com antibióticos.

Ele achava que a ITU devia ser a responsável pela saliência na próstata. "Costuma causar inflamação", explicou. "Acho que fizeram a ressonância cedo demais. Vamos esperar algumas semanas e realizar outra." Quer dizer então que eu provavelmente não estava com câncer? Câncer improvável? Ele não quis se comprometer: melhor esperar os resultados, disse. Mais tarde, falei com meu terapeuta, que foi mais tranquilizador. "Se o PSA está baixo desse jeito, seu urologista-chefe deve estar certo, é uma inflamação causada pela infecção urinária." E de qualquer forma, tranquilizou-me ele mais ainda, mesmo que fosse câncer, o câncer de próstata era tratável, e eu não deveria me preocupar com a demora para fazer a segunda ressonância. "Se espalha muito devagar." Assim, fiquei no ar.

As coisas se moviam com lentidão glacial. Três semanas depois, realizei uma consulta presencial com o dr. U-2, *e lá vamos nós outra vez*, pensei, abaixar, abrir as pernas, lubrificante, luvas de borracha, aaagh. Aaagh duplo. Um pouco mais de aaagh. E... feito.

"Não senti nada", disse o dr. U-2.

"Sério? Nenhuma saliência? Nada?"

"Nada."

"É boa notícia, certo? Se não tem saliência quer dizer que não tem câncer?"

"É uma boa notícia."

"Então a inflamação foi causada pela infecção urinária?"

"Acredito que sim."

"E agora podemos esquecer isso?"

"Bom", disse o dr. U-2, refreando minha animação, "vamos esperar mais algumas semanas e depois fazer outra ressonância. Se não aparecer nada, talvez eu não precise pedir uma biópsia com agulha."

Essa biópsia envolvia pôr minhas pernas em estribos, bem espaçadas. A agulha entrava pelo períneo. Levava cerca de dez minutos. Seria extremamente desagradável.

"Espero que não precise", respondi, com voz fraca. Não contei praticamente para ninguém sobre o câncer de próstata. Ainda não era câncer, raciocinei, e a palavra com C causaria pânico na família. Ninguém precisava entrar em pânico enquanto não houvesse motivo para pânico. Contei para Eliza. Mas, de resto, guardei para mim.

A segunda ressonância foi feita em dezembro, cinco semanas após o exame do dr. U-2, dois meses depois do resultado que dizia *câncer provável*. Dessa vez, nada apareceu. Na escala de 1 a 5, ganhei, orgulhoso, 1. Nenhuma protuberância. Eu não estava com câncer de próstata. O universo não era tão cruel assim, ainda que houvesse esperado dois longos meses para me dizer. Então contei a Samin. Ela ficou furiosa por eu não ter falado antes.

Em outubro, uma semana após a mudança para o SoHo, Milan e Eliza testaram positivo para covid. Meu exame deu negativo, mas nenhum dos dois devia ficar perto de mim. Por uma semana, dependi de amigos para me trazerem comida e provisões. E o ciclo de boas/más novas continuou. Na manhã seguinte aos resultados de covid de Milan e Eliza, eu tinha uma consulta com o otorrino para examinar o progresso das lesões profundas no meu pescoço. (Eu pensava nele como o dr. ENT [de *ear*, *nose* e *throat*, "ouvido", "nariz" e "garganta"], como se fosse uma antiga entidade--árvore do *Senhor dos anéis*.) "Boa notícia", disse o dr. ENT. "Tudo parece ótimo. Cicatrizou muito bem." Nesse dia, pude me barbear (com muito cuidado) pela primeira vez em sete meses e meio. Foi uma sensação ótima, um passo verdadeiramente positivo. Mas na mesma tarde fui a um cardiologista. O dr. Heart queria um novo exame de imagem da região sob meu pulmão direito. O exame revelou que o líquido que eu drenara no Erie reaparecera. Às oito da manhã seguinte, realizei o procedimento cirúrgico para nova drenagem. Dessa vez saiu ainda mais líquido que da primeira: mais de 1 mil cc. Meus níveis de proteína estavam muito baixos, resultado da forte perda de sangue, e me disseram que provavelmente essa era a causa do líquido acumulado. Puseram-me numa dieta hiperproteica e me disseram para voltar dali a dois meses para fazer novo exame. "Se o líquido voltar", afirmou o dr. Heart, "talvez tenhamos que repensar." Soou ameaçador.

Eliza testou negativo após cinco dias e fiquei imensamente aliviado quando voltou à Mercer Street. Milan continuou testando positivo por mais cinco dias depois disso. Antes que voltasse, recebi ótimas notícias.

Minha consulta mais temida era a do olho. Caiu em 10 de outubro, mesmo dia da primeira ressonância, a que sugerira que eu talvez estivesse com câncer de próstata, então eu andava meio para baixo. A dra. Irina Belinsky, uma renomada especialista em olhos, fora me ver no Rusk, quando meu olho direito continuava inchado, mesmo sob a pálpebra costurada. (Uso seu nome real porque ela foi muito importante para mim ao lidar com isso do ponto de vista emocional, o pior de todos os meus ferimentos; nada de dra. Olho para ela.) "Precisamos esperar desinchar", dissera-me na época, "antes de tomar alguma decisão sobre como prosseguir." Senti um medo genuíno de quais poderiam ser as opções.

Pedi a Eliza para me acompanhar à consulta. Precisava de alguém segurando minha mão.

A dra. Belinsky examinou o olho. "O inchaço sumiu", falou. "A pálpebra já consegue fechar sozinha. Se quiser, tiro os pontos agora mesmo."

"Vai doer?", perguntei, como um bebê. "Só espero que não precise dar pontos outra vez depois, porque foi bem dolorido."

"Não será mais necessário", ela respondeu. "Não se preocupe."

O procedimento não demorou quase nada e me senti melhor na mesma hora, com meu olho mais naturalmente em repouso.

"Então agora você tem três opções", disse a dra. Belinsky. "Podemos prosseguir de três maneiras.

"A primeira opção é não fazer nada. Se o olho estiver sossegado, sem irritação, sem desconforto, é só deixar como está.

"A segunda seria mandar fazer um olho cerâmico. A fabricação é de alto padrão, feita para combinar com a cor exata do outro olho, e se ajusta sobre o olho danificado. É muito realista. Algumas pessoas acham ótimo, outras acham desconfortável.

"A terceira opção é remover o olho. Depois disso, vai levar cerca de seis semanas para a órbita cicatrizar. Aí podemos pôr uma prótese, um olho falso. Obviamente essa é a opção mais radical."

Fiquei agradecido por sua clareza e soube imediatamente que curso de ação seguiria. "Nunca me adaptei a lentes de contato", expliquei. "Não me sinto bem pondo e tirando essas coisas todo santo dia. Então acho que para mim o olho cerâmico não vai funcionar. E a opção três... Para ser franco, depois de todas as cirurgias que fiz, a perspectiva de mais uma não me atrai nem um pouco. Assim, se tiver um jeito de lidar com o olho que não envolva uma cirurgia, prefiro. Prefiro a opção um. Não fazer nada."

"Só quero ter certeza de que o olho não está incomodando",

disse a dra. Belinsky. "Você vai precisar continuar passando a pomada de eritromicina todo dia."

"Não está incomodando", falei. "E por mim tudo bem continuar a usar a pomada."

"Ótimo", respondeu ela. "Mas não esqueça que isso não é uma decisão definitiva. Se daqui a um ou dois anos o olho começar a dar trabalho, a gente volta a se ver e, se for o caso, toma uma decisão diferente."

Senti uma imensa onda de alívio. Eu tivera pesadelos com meu olho sendo arrancado, sonhos remanescentes de *Um cão andaluz*, o filme surrealista de Luis Buñuel e Salvador Dalí, em que a cena de uma nuvem passando diante da lua corta para uma navalha fatiando um olho. *Não fazer nada* parecia maravilhoso. Eliza percebeu a tensão deixando meu rosto e apertou minha mão. "Tudo bem, amor", disse ela. "Vamos fazer assim."

Dois dias depois, tive de me submeter a uma nova injeção em meu olho esquerdo para tratar a degeneração macular. "Cuida bem desse olho, doutor", falei. "Foi só o que me sobrou."

E essa, por ora, em todo caso, é a história do(s) meu(s) olho(s).

Nosso mundo começou a parecer um pouco menos isolado. Milan escapou da prisão da covid e voltamos a nos ver. Eliza se sentiu liberada para nos deixar assistindo *Elvis*, de Baz Luhrmann, enquanto ia à festa de aniversário de uma amiga. A governadora de Nova York, Kathy Hochul, ligou para oferecer seu apoio e solidariedade, uma gentileza de sua parte. Alguns dos meus amigos mais antigos e íntimos vieram nos visitar, incluindo muitos que viajaram de Londres. Todos se declararam admirados com minha boa saúde. Não comentei com nenhum deles sobre os percalços na estrada (muito menos sobre a lombada na próstata).

Assistimos a uma transmissão em tempo real de um evento em meu apoio na British Library, em Londres. A essa altura ocorreram eventos similares em Toronto e na Dinamarca, além do primeiro deles, na New York Public Library. Brinquei com Milan que todas essas ocasiões pareciam um pouco com uma homenagem póstuma. "Quando eu morrer de verdade, não vai acontecer nada, porque tudo já foi feito." Milan não achou graça na piada, então não comentei que aquilo também me lembrava um episódio contado na autobiografia de Bertrand Russell. Ele ficara hospitalizado durante uma visita à China; quando a notícia chegou à Inglaterra, fora um pouco amplificada, e os jornais noticiaram sua morte; todos publicaram seus obituários, que foram levados até ele em seu leito hospitalar na China, para que os lesse.

Claro que fiquei comovido e feliz com todo o amor e apoio. E também me animei com os bons resultados de alguns exames médicos. O cirurgião geral, por exemplo, afirmou que as facadas em meu peito e abdômen haviam todas cicatrizado. Isso foi bom de escutar. Mas a estrada adiante ainda seria acidentada.

Chegamos à história da minha boca.

Uma das lesões em meu pescoço seccionara um nervo e causara uma paralisia parcial no lado direito do meu lábio inferior. Fui informado de que era irreversível. Em termos visuais, a consequência era fazer minha boca pender para a esquerda quando eu falava, e criou a questão prática de me levar a morder o lábio quando comia. E havia outros problemas. Minha boca não abria mais como deveria; só chegava aproximadamente à metade da abertura de antes. Com isso, comer ficou mais difícil. Por sorte, eu não tinha o menor problema para engolir, mas a comida precisava ser cortada em pedaços pequenos. Eu não conseguia enfiar um sanduíche na boca. Havia uma rigidez nos cantos e alguns estranhos efeitos colaterais. Se eu pusesse qualquer coisa gelada na boca, sentia o frio descendo do canto esquerdo em direção ao maxilar, como se houvesse algo vazando. Mas não havia. Era simplesmente apenas a nova boca com a qual tinha de aprender a conviver. Não havia cura.

Fui encaminhado a uma mulher que trabalhava com pacientes de câncer, mas era conhecida por saber um monte de exercícios para a boca. Fui até lá. Ela me mostrou os exercícios. Aprendi a fazê-los. Ainda faço. Mas não ajudam de verdade. Ela me recomendou um cirurgião-dentista eminente que talvez pudesse construir algo para enfiar na boca e empurrar ligeiramente o lábio inferior, impedindo-me de mordê-lo. No fim de outubro, fui ver o cirurgião-dentista eminente. Ele construiu o que imagino que se poderia chamar de uma prótese, que se prende aos dentes do lado direito e de fato empurra o lábio inferior, e quando estou com o aparelho a boca parece um pouco mais normal e facilita comer.

Tudo isso levou várias semanas. Quando a prótese ficou pronta e foi ajustada — no fim de novembro —, levei um tempo para me acostumar, mas depois começou a parecer natural, e eu nem notava quando a estava usando. Até aí, tudo ótimo. Uma surpresa desagradável foi a conta. Descobri que meu seguro não cobria o eminente cirurgião-dentista, nem o aparelho. Ninguém me avisou, coisa que sua assistente depois admitiu ter sido um erro. Se tivessem me contado, provavelmente eu decidiria passar sem a prótese.

A conta, sem incluir as consultas com o eminente cirurgião-dentista, ficou em 18 mil dólares.

Oito semanas após sua chegada a Nova York, Milan voltou para sua casa, em 25 de outubro. Adorei ter ficado com ele por um período tão grande. Sentir seu amor me ajudara a recuperar o equilíbrio. Após sua partida, comecei a ficar inquieto em nossa linda acomodação temporária. Queria minha própria cama, meu ambiente familiar. O frenesi midiático à minha volta se aplacara; os paparazzi haviam se entediado e muitas vezes sumiam da nossa quadra. Era hora de voltar. Milan desembarcou em Southampton em 1º de novembro e tomou um trem para Londres. Três dias depois, era minha vez de viajar — uma distância mais curta, mas de profundo significado emocional. Eu estava a caminho de casa.

No clássico livro infantil de Kenneth Grahame, *O vento nos salgueiros*, a Toupeira, que deixou sua toca para começar a "aprontar de barco por aí" no rio com seu amigo, o Rato-d'Água, e preocupada com o arteiro e incorrigível sr. Sapo do Salão dos Sapos, avança laboriosamente com o Rato certa noite pelo que acredita ser uma "terra estranha", quando de repente é atraída por um aroma:

> Foi um desses misteriosos chamados mágicos saídos do nada que subitamente chegou à Toupeira em plena escuridão, deixando-a arrepiada de cabo a rabo...
> Lar! Era isso que significavam esses doces apelos, essas suaves carícias flutuando através do ar, essas mãozinhas invisíveis puxando e chamando todas numa mesma direção!

E então ela seguiu o cheiro e encontrou sua antiga casa, e após fazer uma agradável ceia e se preparar para dormir em sua própria cama, reflete:

> Ela percebeu claramente como tudo [...] era tão simples; mas, claramente, também, como tudo aquilo era importante para ela, e o valor especial de ter algum porto seguro na existência [...] esse lu-

gar que era só seu, essas coisas que ficaram tão felizes em voltar a vê-la e com as quais sempre poderia contar para as mesmas singelas boas-vindas.

Lar. *Dulce Domum*, como diz Kenneth Grahame. Doce Lar. Faziam exatas doze semanas desde o atentado que impossibilitara minha volta. Agora, conforme a porta da frente se fechava atrás de mim, eu era a humilde Toupeira, reconhecendo os cheiros do lugar, meu coração palpitando de alegria ao olhar para o retrato em que eu e minhas irmãs líamos *Peter Pan*, pendurado acima da lareira, sentindo a acolhida de minhas prateleiras de livros, a familiaridade de meu espaço de trabalho e, finalmente, o aconchego maternal de minha própria cama, envolvendo-me, passando os braços em torno de mim, acalentando-me em um sono profundo e despreocupado. Me senti na mesma hora cem por cento melhor e mais saudável. Eu estava em casa.

Começamos a retomar a vida cotidiana dando passos bem pequenos. Fomos a jantares na casa de amigos. Em um dos primeiros, na casa de Alba e Francesco Clemente, Fran Lebowitz, que não perde tempo com rodeios, tinha coisas a me perguntar. "Você é destro, certo? Por que levantou a mão esquerda para se defender?"

"Sei lá, Fran", respondi. "Na hora não estava pensando de verdade nisso." Então pensei sobre isso. "Vai ver é uma coisa de boxe", sugeri. "Se você for um boxeador destro, você se defende com a esquerda e soca com a direita, certo?"

Fran não se convenceu. "Salman, duas coisas", disse. "Em primeiro lugar, você não luta boxe. E em segundo, não estava dando um soco nele."

É verdade, Fran, admiti. Tanto em primeiro como em segundo lugar. Eu não era quem dava o soco. Era quem o levava.

Posteriormente, Francesco me contou que após o atentado Fran ficara muito preocupada comigo. "Penso nele todo dia", dissera ela. Um sorriso se formou em meus lábios. "Quero isso numa camiseta", falei. "*Fran Lebowitz pensa em mim todo dia*."

Fiquei empolgado em fazer algo tão "normal" como visitar amigos. Mas também podia ser muito emotivo. Fizemos uma visita à casa do editor da Grove Atlantic, Morgan Entrekin, e sua esposa, a fotógrafa Rachel Cobb, no Brooklyn. Foi uma noite inesquecível, porque os demais convidados à mesa eram Martin Amis e sua esposa, Isabel Fonseca. Martin lutava contra um câncer de esôfago fazia dois anos — o mesmo tipo de câncer que matara seu melhor amigo, Christopher Hitchens. Ele fez a quimioterapia, funcionou, estava em remissão, depois o tumor voltou, houve nova quimioterapia, não funcionou, e então passou por uma cirurgia, e lhe disseram que fora um sucesso. Quando o vimos na casa de Morgan e Rachel, estava penosamente magro e com a voz fraca, mas sua inteligência não perdera o brilho e ele se mostrou caloroso e afetuoso comigo. Disse que nós dois quase havíamos morrido, então éramos irmãos de armas contra a morte.

Pouco depois, fomos convidados a ir à casa de Martin e Isabel, no topo de uma torre no Brooklyn. James Fenton e Darryl Pinckney estavam lá também. Foi a última vez que vi Martin. Depois disso, seu câncer assumiu um controle inexorável, e nós o perdemos.

Nesse segundo jantar, pareceu ainda mais debilitado, até mais magro, sua voz ainda mais fraca. Mas na época o câncer não voltara, ou não nos contaram que havia voltado. Reapareceu algumas semanas depois, porém, e Isabel me disse: "Não há esperança de recuperação". Comentou que ele estava encarando o fim com tranquilidade, dizendo: "Tive uma vida muito boa". Ela parecia devastada. Estavam juntos havia trinta anos.

Houve inúmeras ocasiões desde o atentado em que pensei que a Morte pairava sobre a pessoa errada. Afinal, o marcado para ser colhido pela Ceifadora não era eu, cujas chances de sobrevivência, como todos concordavam, eram muito reduzidas? E contudo, lá estava eu, de pé, devidamente estabelecido na sala de recuperação, e regressando à Vida, enquanto ao meu redor alguns de meus amigos mais próximos tropeçavam. Bill Buford — antigo editor da revista *Granta*, antigo editor de ficção da *New Yorker*, autor de um livro sobre os hooligans do futebol inglês (*Among the Thugs*) e de dois livros sobre, respectivamente, comida italiana e francesa (*Heat* e *Dirt*), um sujeito que comera tantas coisas calóricas em sua vida que sofria de problemas do coração — desmaiou na calçada de uma cidade e na verdade morreu brevemente. Foi salvo por um homem que o viu cair, correu para casa e voltou com um desfibrilador. Quais as chances de uma coisa dessas? E um dia após o Natal meu irmão literário mais novo, Hanif Kureishi, desmaiou em Roma e quando recobrou a consciência não conseguia mexer os braços nem as pernas. Ele está escrevendo — ou melhor, ditando — um blog lindamente corajoso, honesto e engraçado no Substack sobre suas agruras, e houve alguma melhora em sua mobilidade, mas no momento não está claro quando (ou se) vai recuperar o uso da mão direita, com a qual escreve. E quatro dias após eu ficar sabendo de Hanif descobri que Paul Auster estava com câncer de pulmão. Tanto Paul como sua esposa, Siri Hustvedt, haviam participado do evento de apoio a mim nos degraus da biblioteca, mas agora enfrentavam sua própria crise. Paul tinha alguma chance de vencer o câncer, contou-me ao telefone. Um tumor, num pulmão, sem metástase, não se instalara nos nódulos linfáticos nem em nenhuma outra parte do

corpo, e ele esperava que a quimioterapia e a imunoterapia pudessem reduzi-lo drasticamente de tamanho, e então a área infeccionada de seu pulmão seria removida por cirurgia. Assim, cruzávamos os dedos.
E Martin estava morrendo. Não queria ver os amigos, disse Isabel. Viu James Fenton uma vez, e só. Foi com Isabel para sua casa em Palm Beach, onde podia ficar aconchegado, sentar-se no jardim e ler. Dissera que estava escrevendo uma história. Talvez tenha terminado, talvez não. Seus filhos foram vê-lo. Mal comia. O anjo estava muito perto.
Isabel disse que por causa do tumor era difícil falar ao telefone, mas que ele gostava de receber e-mails. Escrevi-lhe, "mandando", falei, "um aceno amigo em sua direção". Martin nunca fora muito chegado a e-mails; assim, fiquei surpreso quando recebi uma longa resposta. Era tão elogiosa que não posso reproduzi-la na íntegra, mas algo que ele disse foi:

> Quando nos encontramos recentemente pela primeira vez desde a atrocidade, tenho de admitir que esperava vê-lo alterado, diminuído de alguma forma. Longe disso: você estava e está intacto e inteiro. E pensei com admiração: Ele está FAZENDO FRENTE a isso.

O que talvez não seja verdade, mas foi gentil. Escrevi uma resposta mais longa. Mostro-a aqui na íntegra, porque me pareceu na época, e me parece agora, que era um adeus.

> Meu caro Martin
>   Em resposta à sua investida na prolixidade, tentarei exceder a cota do Twitter também.
>   Em primeiro lugar, preciso lhe dizer como fiquei comovido com a generosidade e a bondade de suas palavras. Nenhum escritor poderia aspirar a melhor acolhida verbal.

Em segundo lugar, quero dizer sobre sua escrita que ela se caracteriza pelo brilho e pela coragem — com brilho não me refiro apenas ao brilho linguístico, embora você certamente sempre teve isso, mas também à inventividade formal, às pirotecnias cômicas e à elevada inteligência; e sob a "coragem" agrupo sua disposição (não, sua *necessidade*) em tratar do material central de seu tempo, político, moral, sexual, tudo.

Essa produção transformou e revigorou a literatura inglesa e inspirou e continuará a inspirar os que vierem depois de nós. Você pegou o bastão passado por Bellow, Nabókov e seu pai e o passará adiante para... não sei quem... alguém com talento e sabedoria para pegá-lo e correr com ele.

Então, bravo, bravo, caro amigo.

O que você fez durará por muito tempo.

Com admiração e amor,
Salman

Nesses últimos, tristes dias, muitas vezes me peguei relembrando a época, há mais de trinta anos, em que Martin organizava noites de pôquer. Uma característica dessas ocasiões era que ninguém devia ficar sabendo de nada sobre a vida dos demais participantes. Se a conversa enveredasse pelo lado pessoal, ou político, alguém exclamava na mesma hora "Vamos jogar!" — com o que obedientemente voltávamos a prestar atenção às coisas importantes.

Lembrei também que antes de eu me mudar para Nova York, antes de Ian McEwan e sua esposa, Annalena McAfee, comprarem sua mansão no campo, em Cotswold, antes de Martin e Isabel aparecerem no Brooklyn, nós três — Martin, Ian e eu — costumávamos nos reunir para comer, em geral no L'Étoile de Elena, na Charlotte Street, em Londres, para resolver os problemas do mundo. Um jornal dominical publicara uma montagem de nós três sob um título como "Os Poderosos Chefões", e havíamos concordado que, na condição de chefes das famílias criminosas que constituíam a Londres literária, deveríamos nos encontrar regularmente para garantir que tudo fosse bem coordenado e nenhum tiroteio desnecessário tivesse início outra vez.

Pranteamos as trivialidades do passado tanto quanto questões mais grandiosas (como talento literário), ao nos despedir de um amigo.

Um dos motivos para *Psicose*, de Alfred Hitchcock, ser tão assustador, é morrerem as pessoas erradas. A maior estrela do filme, Janet Leigh, morre cerca de apenas meia hora após o início do filme. O cauteloso, avuncular, deixa-que-eu-resolvo detetive Martin Balsam aparece e, quando menos se espera, também está morto. É assustador. Era assim que eu começava a me sentir. A morte andava aparecendo nos endereços errados.

Estávamos todos ficando velhos. *Não vai acontecer menos desse negócio, não é?*, pensei. Angela Carter, Bruce Chatwin, Raymond Carver, Christopher Hitchens haviam partido cedo. Agora toda uma geração se aproximava do fim.

Martin morreu dormindo, pacificamente e sem dor, na noite de 19 de maio de 2023.

Na residência dos Rushdie-Griffith, porém, o barômetro do humor vinha subindo desde dezembro. Havia a Copa do Mundo para ver na tevê, e assisti a praticamente todos os jogos. A Argentina de Lionel Messi foi campeã, para minha alegria. No âmbito doméstico, as notícias eram cada vez melhores em muitos aspectos. (Não as notícias de verdade, repletas de violência insana e armas, e da insanidade de Trump e dos trumpublicanos, como sempre.) Eliza conseguiu um bom editor britânico para seu *Promise* e o livro seria publicado no começo de julho, quase simultaneamente com os Estados Unidos. Quanto a mim, me sentia mais forte a cada dia. E então, em 2 e 5 de dezembro, enfrentei os dois derradeiros obstáculos médicos e superei ambos. O raio X dos meus pulmões estava limpo. A dieta de proteína funcionara! O líquido não voltara! *Check*. E três dias depois: a segunda ressonância descartou qualquer problema na próstata! Eu não precisava mais temer a biópsia nem o câncer (não sei dizer qual me assustava mais). *Duplo check!* Nada mais de problemas médicos para resolver. Emergi do longo túnel das visitas hospitalares e fui devolvido à população geral.

Era o aniversário de Eliza em 6 de dezembro. Suphala e Kiran Desai vieram e pedimos um banquete em um restaurante próximo. Havia muito a comemorar.

Por exemplo: eu não precisava mais me preocupar com o excesso de peso. Como o leito rangente no Rusk (que também era uma balança) me informara, eu perdera 25 quilos. Havia passado meses vivendo primeiro de camisola hospitalar e depois de moletom e camiseta, mas agora que podia vestir minhas roupas em casa descobri que todas as minhas calças estavam literalmente caindo. Fiquei feliz com a perda de peso (embora concordasse com todos que não era um plano de dieta a ser recomendado) e agradavelmente surpreso com alguns efeitos colaterais (minha asma melhorara muito e parei de roncar, para alívio da outra pessoa na cama), mas a situação das roupas era um problema, ainda que fosse verdade que a qualidade dos meus problemas estava melhorando. Calças caindo eram engraçadas. Atentados à faca, não.

Eu sentia uma espécie de euforia, decretando que estava bem e que nossos problemas estavam terminados, e anunciando que nosso feliz futuro deveria começar imediatamente. Um dos principais motivos para essa superconfiança foi que consegui me sentar diante da escrivaninha outra vez e sentir a energia começar a fluir. Por três meses eu fora incapaz de pensar em escrever. Quando afinal o fiz e olhei para as anotações que viera juntando para um possível romance na sequência de *Cidade da vitória*, pareceu absurdo. *Não posso escrever isso*, disse a mim mesmo. Por mais que quisesse me concentrar na ficção, algo imenso e não ficcional acontecera comigo, e percebi que Andrew Wylie tinha razão. Enquanto não lidasse com o atentado, não conseguiria escrever mais nada. Compreendi que precisava escrever o livro que você está lendo agora antes de poder passar para outra coisa. Escrever seria minha maneira de admitir o que acontecera, de assumir o controle, torná-lo meu, recusando-me a ser uma mera vítima. Eu responderia à violência com a arte.

Não gosto de pensar na escrita como terapia — escrever é escrever, e terapia é terapia —, mas havia uma boa chance de que contar a história tal como a via poderia fazer com que me sentisse melhor.

Alguns persistentes problemas de saúde requisitavam minha atenção primeiro. Meu nível de energia estava baixo. No fim da tarde, em geral não conseguia fazer mais nada. Ainda tinha episódios de tontura, algo preocupante. E a alteração da pressão arterial não sumira, embora, estranhamente, tivesse se invertido. No hospital, o problema fora a pressão baixa, caindo quando eu me levantava; daí o colete de velcro. Mas agora, quando tirava a pressão, era alarmantemente alta. Abandonei o colete; a pressão continuou elevada e se aproximava de níveis perigosos. A medida sistólica indicava a possibilidade de um derrame.

Então tivemos um estalo. Não me lembro do momento em que a lâmpada apareceu, se foi sobre minha cabeça ou a de Eliza, mas suspeito que tenha sido a dela. Lembramos que uma das medicações prescritas no Rusk era destinada a aumentar a pressão arterial. Eu continuara tomando, porque na época da alta ninguém me dissera quando parar. Liguei para o clínico-geral. "Para de tomar agora mesmo", disse ele. Obedeci; e, cerca de uma semana depois, tanto a pressão sistólica como a diastólica voltaram aos valores "normais".

Mais um caso de desequilíbrio iatrogênico. Outra vez, o remédio me deixara doente.

Eliza permanecera concentrada em seu computador, baixando todos os vídeos que fizéramos, organizando os arquivos e selecionando os clipes mais representativos. Finalmente, perguntou se eu estava pronto para dar uma olhada.

"Estou", respondi.

Ela montou um projetor e uma tela na sala. Advertiu-me que as imagens poderiam ser fortes para mim. Fora difícil para ela voltar a vê-las. "O olho, o pescoço", advertiu-me. "É bem feio."

E era. Eu não fazia ideia de que meu aspecto fosse tão ruim, ou que minha voz soasse tão fraca. Devia ter sido aterrorizante para Eliza, Samin e Zafar me ver daquele jeito, e insuportavelmente difícil para eles me prover de mentiras diárias otimistas: "Você parece ótimo", "Bem melhor do que ontem" e assim por diante. Eu não parecia ótimo. Não havia melhoras notáveis de um dia para outro. Era alguém muito próximo da morte que de algum modo continuava vivo. Era tudo a que as pessoas que me amavam tinham para se agarrar — eu estava vivo e, quando o ventilador pulmonar foi tirado, era provável que continuasse vivo — e isso lhes possibilitou dar seus sorrisos amorosos, desonestos. Eliza fizera bem em me manter longe de espelhos. Se eu soubesse como meu aspecto era horrível, como meus ferimentos eram graves, talvez fosse difícil encontrar forças para seguir em frente.

As imagens passavam. Meu protuberante olho de ovo cozido estava fora do meu rosto, improvavelmente empoleirado na intumescência branca em um ângulo impossível. O longo talho horizontal em meu pescoço roxo e inchado, as lesões das facadas perto disso, os cortes em meu rosto. Era demais para absorver. O cérebro se recusava a compreender. Mas lá estava tudo aquilo na tela, insistindo em ser visto.

Descobri que estava tendo uma reação inesperada ao que via. Sim, era chocante, mas, para minha surpresa, permaneci bastante calmo enquanto assistia, e fui capaz de olhar com calma para o material. Comentei com Eliza: "Acho que é porque estou com esta aparência agora, e não essa, que consigo ser totalmente objetivo. Com franqueza, fico ainda mais impressionado com minha recuperação, porque eu estava realmente mal e com um aspecto péssimo. Parecia outra pessoa".

Foi nesse dia que concordamos que deveríamos fazer um documentário. Vendo agora o que já tínhamos feito, eu não tinha dúvida sobre sua qualidade e força. No começo, talvez ingenuamente, pensamos que conseguiríamos fazer o filme sozinhos, com a ajuda de um pesquisador e um editor. Mas não demoramos a cair na real. Estávamos envolvidos demais na história e, embora nossa gravação proporcionasse um material único, a única câmera presente, que seria a razão de ser do filme, precisávamos de um cineasta profissional para acrescentar sua visão ao que mais fosse necessário e ao modo como seria formatado. Assim, iríamos atrás de um. E as imagens de Eliza seriam a espinha dorsal, ou talvez o coração, do filme.

Eliza me filmou em casa, falando sobre minha reação ao ver sua gravação dos meus piores dias e da lenta recuperação. "Eu parecia outra pessoa", comentei. Comece por aí.

O mais revoltante sobre o atentado foi que me transformou outra vez em algo que eu tentara evitar com todas as forças. Por mais de trinta anos recusei-me a ser definido pela fatwa e insisti em ser visto como o autor de meus livros — cinco antes da fatwa e dezesseis depois. Quase consegui. Quando os últimos livros foram publicados, as pessoas finalmente pararam de me perguntar sobre o ataque aos Versos satânicos e ao seu autor. E agora cá estou, arrastado de volta ao indesejado assunto. Acho hoje que nunca conseguirei escapar. A despeito do que já tenha escrito ou possa escrever agora, sempre serei o cara que levou as facadas. A faca me define. Travarei uma batalha contra isso, mas desconfio que serei derrotado.

Viver foi minha vitória. Mas o significado que a faca dera à minha vida foi minha derrota. Em *Cidade da vitória*, meu personagem principal, Pampa Kampana, escreve um poderoso poema narrativo em sânscrito, chamado *Jayaparajaya*, ou seja, "Vitória e derrota". Esse poderia ser o título da história da minha vida.

De repente era ano novo, 2023. Fevereiro estava logo ali, e fevereiro tinha muitos significados. Em fevereiro, *Cidade da vitória* seria mundialmente publicado em língua inglesa, com muitas traduções vindo logo em seguida. Eu não costumava apreciar o momento da publicação. A sensação é de tirar a roupa em público, permitindo às pessoas apontar e rir. Em um mundo ideal, quando um livro é publicado, prefiro me enfurnar por algumas semanas. Mas no mundo real isso não é possível. E, de todo modo, eu ficara enfurnado por seis meses. Em fevereiro, era hora de dar as caras.

Eu concedera uma longa entrevista a David Remnick para a revista *New Yorker*, minha única contribuição ao lançamento do livro, já que uma turnê estava fora de cogitação. Junto com a entrevista havia uma fotografia feita por Richard Burbridge. Quando a entrevista e a foto foram publicadas, foi como reentrar no mundo após meio ano no Limbo. Fevereiro significou tudo isso. Além do mais, 14 de fevereiro era o 34º aniversário da *fatwa*. Eu havia parado de me lembrar dos aniversários da *fatwa*, porém agora começara de novo. Mas 14 de fevereiro também era Dia dos Namorados, e Eliza e eu decidimos comemorar saindo para fazer nossa primeira refeição em um restaurante em seis meses. Fomos com os seguranças, mas fomos. Pareceu um momento profundo. Olá, mundo, estamos dizendo. Voltamos, e após nosso encontro com o ódio, celebramos a sobrevivência do amor. Após o anjo da morte, o anjo da vida.

6. O A.

Em 14 de outubro de 1994, seis anos após ser premiado com o Nobel, o escritor egípcio Naguib Mahfouz, de 82 anos, saiu de casa e se dirigia ao seu café favorito no Cairo, para seu encontro semanal com outros escritores e pensadores. No caminho, um carro começou a acompanhá-lo devagar. Mahfouz afirmou mais tarde ter achado que devia ser um fã. Não era nenhum fã. E sim um homem que pulou do carro e o esfaqueou repetidamente na garganta. Ele ficou caído no chão, e seu agressor escapou. Por sorte, o grande escritor sobreviveu ao atentado, mas foi um caso de "terrorismo cultural" do qual ele previamente já acusara os fundamentalistas islâmicos egípcios.

A possibilidade de um atentado desses pairara sobre a cabeça de Mahfouz por muitos anos. Seu romance *Os filhos de Gebelawi*, alegoria passada em uma empobrecida viela do Cairo que descreve o nascimento dos três grandes monoteísmos, o judaísmo, o cristianismo e o islã, fora banido por "ofender o islã". Pelo menos um fanático ativista mulá havia declarado que Mahfouz merecia morrer. Uma lista de assassinatos islâmica foi descoberta e seu nome figurava nela, perto do topo. Mas ele "é contra guarda-costas", declarou sua filha ao *New York Times*. Em seu ano do Nobel, 1988, consta que teria dito: "Caminho até o café sem olhar para a esquerda nem para a direita. E daí se me pegarem? Vivi minha vida e fiz o que queria fazer".

Ele sobreviveu e viveu por mais doze anos com a constante proteção de guarda-costas que recusara antes. Seus ferimentos foram tão graves que só conseguia escrever por alguns minutos diariamente.

Li que a *fatwa* aos *Versos satânicos*, à qual manifestara sua oposição, foi o que provocou o atentado contra ele. Eis aqui o que disse em minha defesa no livro *For Rushdie*, em que uma centena de autores e intelectuais muçulmanos escreveram em meu nome: "O verdadeiro terrorismo de que ele é alvo é injustificável, indefensável. Uma ideia só pode ser contraposta por outras ideias. Mesmo que essa punição seja consumada, tanto a ideia como o livro permanecerão". Dói em mim até hoje que essas palavras possam ter levado uma faca ao seu pescoço muito antes que outra faca como essa fosse enfiada no meu. Esse é o preço de tolerar — de justificar, encorajar — a intolerância. Mas Mahfouz tinha razão. Suas ideias, e seus livros, permaneceram.

Só me resta esperar que no meu caso também permaneçam.

Eu costumava pensar no ocorrido com Mahfouz sem acreditar de fato que algo do gênero pudesse acontecer comigo. Tentava imaginar que tipo de coisa passaria pela cabeça de alguém disposto a enfiar uma faca no pescoço de um idoso, um homem eminente, cuja obra era amada por muitos. Não me considero no mesmo nível de Naguib Mahfouz, mas agora sou obrigado a considerar que tipo de coisa passava pela cabeça do sujeito disposto a me matar. Assim, neste capítulo, relato uma conversa que nunca ocorreu entre mim e um homem com quem cruzei por apenas 27 segundos da minha vida. Em suas fotos ele veste o uniforme listrado da prisão e está algemado. Seu rosto jovem exibe uma expressão séria, mas qualquer um ficaria sério tirando fotos após ser preso. Talvez em sua vida privada ele seja uma boa companhia e conte piadas. Mas da forma como o imagino é uma figura solitária, costuma ficar mais na sua. Tem orelhas de abano, rosto estreito e cabelo e barba curtos. Guarda uma ligeira semelhança com o tenista Novak Djokovic. Foi criado em Nova Jersey, assim talvez fale com o sotaque característico de um rapaz criado em Jersey, mas não tentarei reproduzir esse padrão de fala aqui. Nas cenas imaginadas a seguir, vou ao presídio de Chautauqua e estou sentado diante de uma mesa de metal, em uma cadeira de metal, ambas aparafusadas ao chão, assim como a cadeira na qual ele está sentado, algemado, acorrentado. Ele não quer realmente falar comigo, mas, como a imaginação é minha, não tem escolha. Está com uma disposição sombria. Não é loquaz. Sua vida não examinada vale a pena ser vivida? Vou perguntar a ele.

Somos observados por guardas da prisão e talvez por agentes federais através de um espelho falso. É como uma cena de interrogatório da série Law & Order. (Como nota de rodapé, há um sério vício em Law & Order atualmente em minha casa; assim, estou bem familiarizado com o bê-á-bá das delegacias americanas enquanto entretenimento. A realidade é outra coisa, é óbvio. A locação imaginada não é lugar para essa discussão.)

Como devo abordá-lo, o homem da faca? Na minha cabeça, eu uso rodeios, penso em maneiras de iniciar a conversa. Deveria lhe falar sobre Iago, que destruiu a própria vida, bem como a de Otelo e Desdêmona, simplesmente por ter sido preterido numa promoção? Pretendo de fato perguntar ao A. como se sente em arruinar a própria vida, mas suspeito que Shakespeare possa não ser a melhor maneira de começar. Além disso, estou pensando em momentos mais obscuros na literatura. Na cena em *Les Caves du Vatican* (Os subterrâneos do Vaticano), de André Gide, em que o personagem chamado Lafcadio atira do trem em movimento em um homem que acabou de conhecer, matando-o sem o menor motivo. Ou em *Justiça*, de Friedrich Dürrenmatt, em que um homem comete assassinato na frente de muitas testemunhas e depois insiste em defender sua inocência, para ver "como seria a realidade se, em vez de mim, algum outro fosse o assassino". Abandono esses pensamentos muito rapidamente, ainda que pareçam de fato ter alguma relevância. Nossa conversa não será literária.

Não quero ser amistoso demais. Não me sinto amistoso. Mas também não quero ser demasiado inamistoso. Quero que se abra para mim, se eu conseguir. Como um encontro de verdade é improvável — leia-se impossível —, tenho de imaginar como entrarei em sua cabeça. Tenho de tentar inventá-lo, torná-lo real. Não sei se consigo.

Uma parte de mim quer partir para cima dele e esmurrar seu pescoço com toda a força.

Ele não expressou nenhum remorso. Não estou à espera de um pedido de desculpas. Mas me pergunto como se sente, agora que teve tempo para refletir sobre tudo. Será que pensou duas vezes? Ou está orgulhoso de si mesmo? Faria aquilo novamente? Uma organização iraniana lhe ofereceu uma recompensa. Acaso espera cumprir sua sentença e depois viajar para receber o prêmio? Suas mídias sociais revelam uma admiração por vários radicais islâmicos. A seus próprios olhos, ele se vê como um herói ou simplesmente um rapaz de Nova Jersey que fez o que achava que deveria fazer?

Será que pensa em si mesmo como americano?

Pigarreio e começo.

Primeira sessão.

Podemos começar pela palavra "dissimulado"?

Por quê?

Você a usou para me descrever ao *New York Post*. Disse que me achava um sujeito dissimulado.

Ok. E daí? Você é.

Já viu o filme *A princesa prometida*?

Não. Já. Não sei. Quem se importa? Por que está me perguntando sobre filmes?

Tem um personagem, Vizzini, que gosta da palavra "inconcebível". Ele a diz várias vezes ao longo do filme. Cinco vezes, acho. Finalmente, outro personagem, Inigo Montoya, diz a ele: "Você fica repetindo essa palavra. Acho que não significa o que você pensa que significa". Assim, posso lhe perguntar sobre a palavra "dissimulado"?

Entendi. Você está querendo bancar o superior.

Só estou pedindo para me responder o que entende por essa palavra.

Significa que você só finge dizer a verdade.

É isso mesmo.

Tá — então vai se foder, sabichão.

Tenho uma segunda pergunta. Digamos que você esteja com a razão. Digamos que finjo dizer a verdade, quando de fato estou enganando as pessoas.

É o que você faz. Todo mundo sabe.

E na sua opinião isso é motivo para matar alguém? Quantas pessoas dissimuladas você conheceu na vida, na sua opinião?

Nos Estados Unidos muitos fingem ser honestos, mas usam máscaras e mentem.

E isso seria motivo para matar todo mundo?

Silêncio.

Já pensou em matar outras pessoas?

Não.

Mesmo achando que um monte de gente nos Estados Unidos é dissimulada. Tem certeza de que nunca pensou em matar ninguém antes?

Por que deveria lhe contar?

Sua mãe, por exemplo. Você disse que sua mãe não lhe deu uma educação religiosa adequada. Agora ela o renegou. Sua mãe é dissimulada? Ela fingiu ser honesta, mas estava ocultando a verdade?

Silêncio.

Ok. Vamos deixar o "dissimulado" pra lá e falar sobre outra coisa — a expressão "todo mundo".

Isso é uma bobagem. São palavras comuns.

É, sei. É uma expressão comum que você usou para fazer uma alegação contra mim. Sou desonesto, você disse, e "todo mundo sabe".

Concordo. Todo mundo sabe.

Pode me dizer quem é todo mundo?

Está me perguntando coisas para as quais você já sabe a resposta.

Vamos lá, colabore.

Todo mundo são todas as pessoas boas. Pessoas que conhecem o Demônio quando ele aparece para enganá-las. Pessoas que sabem diferenciar o certo do errado.

Quer dizer que na sua opinião além de ser dissimulado também sou o Demônio. Por isso é correto me matar?

Você é só um demônio menor — não fique orgulhoso. Mas até um demônio menor é um demônio.

E os demônios devem ser destruídos?

Isso mesmo.

Essas são opiniões que você tem há muito tempo? Ou são ideias novas?

A gente vivia de uma maneira errada na minha família. Minha mãe, minhas irmãs. Eu também. Eu era ignorante. Estava adormecido. Agora despertei.

O que despertou você?

Deus me despertou.

Como ele fez isso? Você teve uma revelação?

Não sou profeta. O tempo dos profetas acabou. A revelação de Deus ao Homem está completa. Não vi nenhum anjo. Estudei. Aprendi.

Com livros? Com as pessoas?

Com o imame Yutubi.

Quem é esse?

É só ver os canais dele no YouTube. Ele tem muitos rostos, muitas vozes. Mas todas dizem a verdade.

Conte-me a verdade.

A verdade é que a verdade tem muitos inimigos. Os que conhecem a verdade também sabem que ela é preciosa, então muita gente quer desmerecer seu valor. Muitos querem perseguir os detentores da verdade. Então é preciso defendê-la.

Não importa como?

É. Como nos foi ensinado por el-Hajj Malik el-Shabazz.

Malcolm X. Você é seguidor de Malcolm X?

Sou um seguidor de Deus.

Sabia que Malcolm tirou essa frase de Frantz Fanon?

Não conheço nenhum Fanon.

Um intelectual negro da Martinica. E depois da Argélia.

Ele não tem importância.

Estudei as origens da sua fé também, sabia? Numa universidade britânica.

Você não aprendeu nada.

Por que diz isso?

Seus professores eram da fé? Eram imames versados na lei?

Um era um marxista francês e o outro, um inglês; não eram religiosos.

Está vendo? Não tinham nada a ensinar, e então foi isso que você aprendeu.

Posso mudar de assunto? Podemos falar sobre sua matrícula na academia?

Sua mente não presta. É como uma borboleta. Não consegue se concentrar no que importa. É a mente de um americano.

Mas sou originalmente da Índia. Venho de uma família muçulmana secular. Tenho a mente de um indiano e, depois, a mente de um britânico, e agora, talvez, sim, também a mente de um americano.

"Secular" é sinônimo de "mentiroso". É uma doença.

Tem certeza? Porque minha mãe, por exemplo, era uma pessoa muito confiável.

Devia sentir vergonha de ter você como filho. Seu nome é muçulmano. Por que continua usando esse nome? Usar esse nome é mentir. Sua mãe devia sentir vergonha de ter carregado você no útero. Sua família deve ter vergonha de admitir que você é do mesmo sangue.

Quando ela morreu no Paquistão, um jornal disse que as pessoas que foram ao seu enterro deveriam sentir vergonha.

Está vendo? Como eu falei.

Podemos voltar à matrícula da academia?

Por que está tão obcecado com isso?

O Clube de Boxe State of Fitness, certo? Em North Bergen, Nova Jersey? Você se matriculou no pacote premium e fez 27 aulas de boxe. Aí está o número 27 outra vez. 27 aulas, o ataque de 27 segundos. Seria melhor ainda se tivesse 27 anos. Mas tudo bem. Você é do tipo calado. Não conversava muito com ninguém na academia. Sua mãe afirmou que era um menino calado. Mas que conversou na noite anterior à viagem de ônibus para Chautauqua. Você mandou um e-mail para a academia e cancelou sua matrícula.

E daí?

Queria perguntar o seguinte. Você claramente sabia que não voltaria para sua vida anterior? Nada mais de aulas de boxe na academia, nada mais de vídeos do imame Yutubi no seu porão? Seu estilo de vida era noturno, sua mãe contou, você se trancava no seu porão e preparava as próprias refeições. Mas, quando cancelou sua matrícula na academia, sabia que essa vida chegara ao fim. Você iria arruinar tanto a sua vida quanto a minha. Talvez soubesse que ficaria trancado, mas não por conta própria. Não no seu porão. Em outro lugar.

Ok, certo.

Ou pensou que conseguiria escapar e viver como fugitivo? Haveria uma caçada, mas você tapearia todos e atravessaria a fronteira do Canadá, que não fica longe de Chautauqua, não é? Você tinha um documento de identidade falso, nenhum cartão de crédito, mas uma quantia razoável em dinheiro. Chegou a pensar em pegar um barco e atravessar o lago Erie, onde a fronteira é líquida, apenas uma linha imaginária no meio do lago? Onde pretendia começar uma nova vida, Vancouver?

Eu não sabia o que iria acontecer.

Mas sabia que não voltaria para casa. Adeus a tudo aquilo. Antes você tinha pensado em terminar a faculdade e essas coisas. Agora, não mais.

Pode ser.

Estou tentando entendê-lo. Você tinha só 24 anos. Tinha a vida toda pela frente. Por que estava tão disposto a arruiná--la? *Sua* vida. Não a minha. A sua.

Não tente me entender. Você não é capaz de me entender.

Mas preciso tentar, porque durante 27 segundos fomos profundamente íntimos. Você se cobriu com o manto da Morte e eu era a Vida. É uma conjunção profunda.

Eu estava preparado para fazer aquilo porque servia a Deus.

Tem certeza disso? É algo que seu Deus queria que fizesse?

O imame Yutubi foi muito claro. Aqueles que são contra Deus não têm direito de viver. Temos o direito de acabar com eles.

Mas a maioria das pessoas na Terra não segue seu Deus. Se elas preferem outros deuses, ou deus nenhum, você tem o direito de acabar com elas também? São 2 bilhões seguindo seu Deus. Seis bilhões de pessoas, outros. O que você pensa sobre elas?

Depende.

Do quê?

De como elas se comportam.

E o comportamento dissimulado merece a morte.

Podemos dizer que sim.

Deixe-me perguntar algo sobre suas crenças. Você acredita que tudo que vem de Deus é sagrado? Ou, para usar outra palavra, sacrossanto?

Acredito. É claro. A Palavra de Deus é sagrada, assim como Suas obras.

A dádiva da vida é uma obra divina, não concorda?

Concordo.

Então como pode estar certo um homem tirar algo dado por Deus? Não cabe a Deus decidir?

Está tentando me confundir. Percebo. Está usando truques, como um demônio faz. Você nem acredita em Deus. Um ateu é a coisa mais baixa que existe. Você não merece conversar comigo. Não é meu igual.

Quero compreender você. Essa é minha dificuldade. Os motivos que dá não parecem fortes o bastante para motivar um jovem, um jovem que nunca foi violento antes, um jovem que nem era muito bom no boxe, um amador... motivar um homem assim a sacrificar o resto da sua vida só para matar um estranho. A decisão de matar — de ser um *assassino* — não é uma decisão qualquer. E no entanto você a encarou com seriedade, cuidadosamente, comprometeu-se com ela. Planejou em detalhes. Mas nunca tinha feito nada assim antes. O que o levou a mudar?

Se você acreditasse no Céu, entenderia.

Explique para mim.

Você não entende que esta vida, aqui neste mundo, não tem importância. É só uma antessala em que o melhor que temos a fazer é seguir a Deus, e depois desta vida teremos a vida eterna. Então que diferença faz onde vou passar estes anos? Quando você estiver queimando no fogo do inferno, estarei em um jardim perfumado. Terei meus espíritos para me servir, minhas belas *huris*, intocadas por homens ou *djins*. Está escrito: "Quais bênçãos do Senhor negarias?".

Escrito onde?

No Livro.

Vamos falar sobre livros.

Só existe um livro sobre o qual vale a pena falar.

Deixe-me lhe contar sobre um livro que é sobre um livro. Foi escrito pelo turco Pamuk e se chama *A vida nova*. Nesse livro, há um livro sem nome, e não sabemos nada sobre o que está escrito em suas páginas. Mas qualquer um que abre esse livro tem sua vida transformada. Após ler o livro, a pessoa nunca mais é a mesma de antes. Conhece um livro assim?

Claro que conheço. É o livro contendo a Palavra de Deus, conforme transmitida pelo Arcanjo ao Profeta.

O Profeta a escreveu imediatamente?

Ele desceu da montanha e recitou, e quem estava por perto anotou com o que tivesse à mão.

E ele recitou com precisão perfeita. O que o Arcanjo disse: palavra por palavra. E então eles também anotaram com precisão perfeita. Palavra por palavra.

Obviamente.

E o que aconteceu com essas páginas?

Quando a vida do Profeta chegou ao fim, seus Companheiros as puseram em ordem, e isso é o Livro.

E eles as puseram em ordem com precisão perfeita.

Todo verdadeiro fiel sabe disso. Só um infiel questionaria isso, e os infiéis não importam.

Posso perguntar uma coisa sobre a natureza de Deus?

Ele é onipresente. Onisciente. Ele é Tudo.

Faz parte da sua tradição, não faz, que existe uma diferença entre seu Deus e o Deus dos outros Povos do Livro, os judeus e os cristãos. Eles acreditam, como diz nos livros deles, que Deus criou o Homem à sua própria imagem.

Eles estão errados.

Porque, se estivessem certos, Deus teria alguma semelhança com os homens? Ele poderia ser parecido com um homem? Poderia ter uma boca e uma voz, e ser capaz de usá-la para falar conosco?

Mas isso não está correto.

Porque, na sua tradição, a ideia de Deus é que Ele é muito superior ao Homem, tão mais elevado que não partilha nenhuma das qualidades humanas.

Exatamente. Pelo menos uma vez na vida você não falou bobagem.

O que você chama de qualidades humanas?

Nosso corpo. Nossa aparência e o modo como somos.

O amor é uma qualidade humana? E o desejo de justiça? E a misericórdia? Deus possui essas coisas?

Não sou um erudito. O imame Yutubi é um erudito. Dotado

de múltiplas cabeças e múltiplas vozes. É ele que eu sigo. Aprendi tudo com ele.

Não tenho intenção de cobrar erudição de sua parte. Você concorda que seu Deus não possui qualidades humanas, segundo sua própria tradição. Deixe-me perguntar só uma coisa. A linguagem é uma qualidade humana? Para ter uma linguagem, Deus precisaria ter uma boca, uma língua, cordas vocais, uma voz. Teria de ser parecido com um homem. *A sua própria imagem.* Mas você concorda que Deus não é assim.

E daí?

Daí que, se Deus está acima da linguagem — muito acima, como está muito acima de tudo que é meramente humano —, como foi que as palavras do seu Livro vieram a ser formadas?

O Anjo compreendeu Deus e passou a Mensagem de uma maneira que o Mensageiro pudesse entender, e o Mensageiro a recebeu.

A Mensagem era em árabe?

Foi assim que o Mensageiro a recebeu e foi como seus Companheiros a escreveram.

Posso lhe perguntar uma coisa sobre tradução?

Como você gosta de fazer isso. Vamos numa direção, você dá uma guinada na estrada e começa a dirigir para outro lado. Além de ser uma borboleta, é um mau motorista.

Só quero sugerir que, quando o Arcanjo compreendeu a Palavra de Deus e a trouxe para o Mensageiro de uma forma que o Mensageiro pudesse compreendê-la, ele a traduziu. Deus se comunicou da forma como Deus se comunica, algo tão além da compreensão humana que não podemos sequer começar a compreendê-lo, e o Anjo a tornou compreensível para o Mensageiro pronunciando-a na fala humana, que não é a fala divina.

O Livro é a Palavra de Deus incriada.

Mas estamos de acordo que Deus não se expressa por palavras. Nesse caso, o que lemos é uma interpretação de Deus. Então quem sabe poderia haver outras interpretações. Talvez a sua, a de Yutubi, não seja a única maneira. Talvez não exista uma maneira correta.

Você é uma serpente.

Posso perguntar em que língua lê o Livro? Na língua original ou em outra?

Leio nesta língua inferior que nós estamos usando para conversar.

Outra tradução.

Eu a compreendi por meio das muitas horas de instrução que recebi do imame Yutubi.

Na sua vida noturna, trancado no seu porão, olhando para seu laptop. Enquanto jogava videogame e via Netflix.

Certamente.

E o que você recebeu do seu imame de múltiplas cabeças foram interpretações posteriores. Outros atos, por assim dizer, de tradução.

O que você está dizendo não faz sentido. É irrelevante para qualquer coisa que importa.

Estou tentando sugerir para você que, mesmo de acordo com sua própria tradição, há uma incerteza. Alguns dos seus primeiros filósofos sugeriram isso. Seus Yutubis de séculos anteriores ao YouTube. Eles afirmam que tudo pode ser interpretado, até o Livro. Ele pode ser interpretado de acordo com a época em que o intérprete vive. O literalismo é um erro.

Nada disso. A Palavra é a Palavra. Questionar isso é questionar o significado da vida. Da estabilidade do universo.

Deixe-me fazer uma última pergunta, e então podemos descansar até amanhã. Já esteve em Jerusalém?

Não.

Porque em Jerusalém, você sabe, fica o Domo da Rocha.

O Haram al-Sharif. Al-Aqsa.

Olha, eu também nunca fui a Jerusalém. Mas me contaram que nos muros dessa mesquita há certas inscrições de versos tirados do seu Livro.

É claro.

E me contaram que, curiosamente, alguns desses versos são um pouco diferentes dos que estão no Livro que vocês têm hoje.

Isso é impossível.

Impossível, certo? Porque a mesquita é muito antiga. Então o que isso pode querer dizer? Se aquelas palavras antigas nos muros não são as mesmas que vocês têm nas suas páginas?

Quer dizer que você não fala a verdade. Está mentindo. Como sempre.

Não vou discutir. Não vi por mim mesmo.

Você diz que o que escreve são "ficções". É outra palavra para "mentiras".

Como "secular".

Exato. Você ganha a vida como um mentiroso.

Vamos encerrar por aqui. Quem sabe amanhã a gente se entenda melhor.

Segunda sessão.

Que tal conversar nesta manhã sobre viajar para o exterior? Você gosta de viajar? Acredita que expande a mente?

Mais questões estúpidas. Não tenho o menor interesse em fazer turismo. O mundo é igual em toda parte. A questão é se a pessoa consegue vê-lo tal como é. Poucos conseguem isso.

Mas em 2018 você saiu dos Estados Unidos. Foi para o Líbano.

Fui visitar meu pai. Isso é o oposto de fazer turismo.

Dizem que Beirute era muito bonita na época, antes da explosão de 2020. Você tem sorte de ter visto. Uma cidade de muita cultura, uma grande civilização, uma cidade liberal, aberta, conhecida como a Paris do Oriente.

Não fiquei em Beirute. E você está romanceando. Talvez ignore os conflitos nessa parte do mundo, a guerra civil, as guerras envolvendo Síria e Israel. Meu pai não mora em Beirute. Ele mora numa aldeia perto da fronteira.

Sua mãe diz que, no começo, você não gostou de lá e queria voltar de imediato. Mas ficou um mês e voltou mudado. Então parece que a viagem de fato afetou sua mente.

Minha mãe pode falar o que ela quiser.

Seu antigo padrasto ficou muito surpreso com o que você fez. Ele chorou e disse que você era inteligente e tinha um bom coração e nunca machucaria ninguém. Assim, parece que você de fato mudou. Alguma coisa aconteceu com você por lá que alterou toda a sua personalidade.

Silêncio.

Seus vizinhos em Fairview, Nova Jersey, descrevem você como uma pessoa solitária, que não socializava muito. Mas aposto que no Líbano você socializou. Aposto que conheceu gente.

Isso mesmo, claro.

O que tem a dizer sobre as pessoas que conheceu?

Eram fortes. Poderosas. Compreendiam o mundo. Enxergavam o que ele realmente é.

Eram pessoas religiosas? Mais religiosas que sua mãe e suas irmãs?

Eram homens. Compreendiam a fé como verdadeiros homens. Não levavam desaforo para casa. Serviam a Deus e lutavam por ele.

Abriram seus olhos.

Abriram meu coração.

Então você voltou para casa, se mudou para o porão da sua mãe e parou de falar com ela e suas irmãs. O que ficava fazendo ali embaixo?

Como você disse. Jogava videogame e via Netflix. E escutava o imame Yutubi.

E foi assim que viveu durante quatro anos.

Parei para refletir.

Sobre o quê?

Sobre a quantidade de nossos inimigos. É como você mesmo disse. Um quarto da raça humana — 2 bilhões de pessoas — somos nós, os outros três quartos não são, e existe um ódio contra nós. A gente vê isso em toda parte, nos Estados Unidos. Vi isso no Líbano também. O inimigo está por todo lado, e precisamos aprender a lutar. 2 bilhões contra 6 bilhões. Precisamos aprender a vencer essas probabilidades.

Quero me aprofundar nisso, a ideia do inimigo.

Claro. Porque é você.

E a ideia do inimigo justifica a violência contra tais pessoas.

O inimigo é a violência na forma humana. A violência que caminha e fala e age. De certa forma, o inimigo não é humano. É um demônio. Como alguém deve proceder contra essas entidades? Você sabe a resposta. Porque a entidade é você.

Acredita que eu sou a violência em forma humana. Passou quatro anos aprendendo isso.

Você não importa. Aprendi muitas coisas. Por fim, me perguntei o que eu estava pessoalmente preparado para fazer contra o inimigo. Só então comecei a pensar em pessoas como você.

O que são as pessoas como eu?

São odiados por 2 bilhões de pessoas. Basta saber disso. Qual a sensação de ser tão odiado? Deve se sentir como um verme. Por trás de toda essa conversa de sabichão, sabe que é menos que um verme. Que vamos esmagá-lo com o pé. Você fala em viajar para outros países, mas não pode pisar em metade dos países do mundo, porque existe muito ódio contra você por lá. Por que não diz alguma coisa sobre isso?

Aprendi muito sobre demonização, é verdade. Sei que é possível construir a imagem de um homem, um segundo eu, que tenha pouca semelhança com o primeiro, mas esse segundo eu ganha credibilidade porque é repetido sem parar, até começar a parecer real, mais real do que o primeiro eu. Acredito que seja esse segundo eu que você conheceu, contra quem sua percepção de inimigos é dirigida. Para responder à sua pergunta, sei que não sou esse segundo eu. Sou eu mesmo, e rejeito o ódio e acolho o amor.

Não, isso é uma falsidade. O que sei de você é real. Todo mundo sabe disso.

Tem uma história de Hans Christian Andersen sobre uma sombra que se separa de um homem e se torna mais real que o homem. No fim, a sombra se casa com uma princesa e o homem real é executado como falso.

Não me interesso por histórias, já falei isso antes.

E se eu lhe contasse que, no centro do livro que escrevi, que você odeia mesmo tendo lido apenas duas páginas, está uma família muçulmana do leste de Londres, proprietários de um café-restaurante, retratada com genuíno amor? E se eu lhe contasse que antes disso escrevi um livro em que retratei uma família muçulmana com simpatia no coração da narrativa da independência indiana e paquistanesa? E se eu lhe contasse que, quando os planos de uma mesquita perto do Marco Zero do Onze de Setembro foram atacados por alguns nova-iorquinos, defendi o direito de haver uma mesquita ali? E se lhe contasse que sempre me opus à atual ideologia sectária do governo indiano, da qual os muçulmanos são as principais vítimas? E se lhe contasse que certa vez escrevi um livro em que a situação dos muçulmanos da Caxemira, e de um jovem morador dessa região que se volta à jihad, é retratada com simpatia? De certa forma, escrevi esse livro, *Shalimar, o palhaço*, sobre você antes de conhecê-lo, e, ao escrever, eu sabia que esse personagem é o destino — de forma que, no seu caso, tem algo a que espero chegar, alguma coisa debaixo de todo esse ruído do Yutubi que lhe possibilitou pegar a faca.

Não interessa o que você tem a me dizer. Sabemos quem você é. Se você acha que consegue nos convencer, não passa de um tolo.

Muito bem. Nesse caso, esse é o tipo de tolo que eu sou.

Silêncio.

E se eu lhe contasse que o motivo para eu e outras pessoas como eu sempre terem se oposto à pena de morte é que há muitas condenações injustas e se uma pessoa injustamente condenada é executada, a questão não pode ser corrigida?

Não minta. Você se opõe à pena de morte porque foi justamente condenado e tem medo de morrer.

E se eu lhe contasse que alguns autores muçulmanos acham meu livro, esse livro do qual você leu apenas duas páginas, belo e verdadeiro? E se eu lhe contasse que consideram meu livro uma grande obra de arte? Existe alguma chance de você pensar na possibilidade de haver outras maneiras de entender o que eu faço, o que já fiz? Você queria ser um carrasco. E se depois de ler esses autores compreendesse que talvez estivesse errado?

Isso não tem importância. Não sou muito de ler. Mas sei o que sei.

Você vai ter tempo de sobra para ler. Acho que não vai ter Netflix nem videogame para onde está indo.

Eu não me importo.

Seu videogame favorito é *Call of Duty*, imagino?

A imaginação é sua.

E se eu lhe contasse que meu filho mais novo — que não é nem dois anos mais velho do que você — é uma fera nesse jogo? Quem sabe até tenham jogado um contra o outro em algum lugar no universo dos games? O que acha disso? Que talvez, por trás de todos os pseudônimos, vocês podem ter sido amigos? Adversários amigáveis? Ou até da mesma equipe?

Não acho nada.

A escritora Jodi Picoult diz em seu romance *My Sister's Keeper*: "Se você conhece uma pessoa solitária, não importa o que diga, ela não é desse jeito porque aprecia a solidão. E sim porque já tentou fazer parte do mundo antes, e as pessoas continuam a decepcioná-la". Isso me parece útil. Vejo você agora aos 24 anos, decepcionado com a vida, suas irmãs, seus pais, sua falta de talento no boxe, sua falta de talento para qualquer coisa; decepcionado com o futuro desolador que percebeu se estendendo à sua frente, pelo qual se recusou a assumir a responsabilidade. Mas você precisava culpar alguém, queria muito culpar alguém, e toda essa culpa difusa o inundou e transbordou, e então alguma coisa, um tweet, um vídeo, vai saber, direcionou toda essa vida mergulhada na culpa para o meu lado, e ela veio pairar sobre minha cabeça, e você começou a planejar.

Silêncio.

Fico só pensando. Você viveu um bocado de sua vida noturna num universo imaginário. Nesses universos, o universo de *Call of Duty*, a morte está por toda parte, mas não é real. Você mata um monte de gente, mas ao mesmo tempo não mata ninguém. É sempre: correr matar procurar abrigo. Correr matar se esconder. Quando foi para Chautauqua, era como uma missão no videogame? Seria um assassinato em que ninguém morresse? Ou será que você nem tinha ideia do que faria, porque teria de cruzar a fronteira entre o mundo dos games e este, e talvez isso fosse demais para você? Você podia trazer a faca do jogo, mas neste mundo ela cortaria de verdade e machucaria e mataria de verdade. Acho que você nem tinha certeza se ia mesmo fazer aquilo até eu chegar ao palco e você se levantar da cadeira e vir para cima de mim. E então seus pés correndo o levaram a um ponto sem retorno e não havia mais como parar. Você se viu bem na minha frente e lá estava eu: a realidade. A realidade real e honesta sobre seus dois pés, encarando você, olhos nos olhos. Havia eu e havia todas as suas outras realidades também, sua solidão, seus fracassos, suas decepções, sua necessidade de culpar alguém, seus quatro anos de doutrinação, sua ideia do Inimigo. Eu era todas essas coisas, e você começou a esfaquear e achou que era aterrorizante, achou a sensação boa e aterrorizante ao mesmo tempo. Tenho certeza de que sentiu medo. Morreu de medo. Porque era você que vivia num mundo de ficções e agora enfrentava as consequências de ser conduzido por suas ficções ao mundo real, ou seja, ao homicídio e à sua própria vida arruinada.

Silêncio.

Terceira sessão.

Deixa eu perguntar uma coisa: você tem namorada?

Que tipo de pergunta é essa?

Uma pergunta comum para uma pessoa comum. Já se apaixonou?

Só tenho amor a Deus.

Certo, mas e seres humanos? Sei que me falou sobre suas *huris* no Paraíso. Mas o Paraíso ainda está longe. Nada de *huris*, ainda por um bom tempo. Tem alguém aqui?

Não é da sua conta.

Vou tomar isso como um não. E que tal um namorado? Ouvi você mencionar sua admiração pelos homens de verdade no Líbano. Que tal homens de verdade em Jersey?

Não seja nojento.

Bem — outra negativa. Só para saber: *nunca*? Ninguém em sua vida toda? Você está despertando em mim uma emoção inesperada.

Que emoção?

Pena.

Você com pena de *mim*? Não, não. Eu. Eu tenho pena de *você*. Além disso, você é intrusivo e rude.

Vou dizer o que é indiscreto e grosseiro. Um ataque com faca de 27 segundos. Essa é que é a verdade. A meu ver, me dá algum direito de lhe fazer umas perguntas pessoais. Qual a diferença entre um virgem e um *incel*?

Vai se foder.

Um *incel* tem raiva de ser virgem. Você é um cara raivoso. Seis bilhões de inimigos; amigos: zero; namoradas: zero ao quadrado. Um cara furioso. Uma pilha de ressentimentos. Só queria saber quem estava tentando matar de verdade. Alguma garota que o esnobou? Algum cara da academia de ginástica ou da fronteira israelense? Talvez sua mãe? Tenho uma amiga que acha isso, e ela é bem mais inteligente do que eu. Será que eu era o substituto para sua vítima? De quem era o rosto que viu quando me esfaqueava?

Essa conversa acabou.

Não, não. A questão aqui é que isso está acontecendo na minha cabeça, então não acaba enquanto minha cabeça não disser que acabou. Você não precisa nem pensar no que dizer. Eu ponho as palavras na sua boca.

Então elas não valem nada.

Estou pensando sobre outros assassinos motivados por religião: os homens que sequestraram os aviões em 11 de setembro de 2001 e os assassinos em Mumbai atacando os hotéis do Taj Palace e do Oberoi, um centro judaico Chabad e o tão adorado Leopold Café, em 26 de novembro de 2008. Não me lembro de nenhuma esposa ou namorada ligada a algum deles, nenhuma companheira horrorizada, denunciando-os ao mesmo tempo que os pranteavam. Talvez alguém apaixonado ache mais difícil perpetrar esses atentados a sangue-frio. Talvez a solidão dessas pessoas seja um pré-requisito necessário para sua disposição em fazer tais coisas. E talvez você, meu caro A., seja um membro desse grupo de assassinos solitários.

Se é nisso que prefere acreditar, vá em frente. Mas minha vida emocional não tem nada a ver com as minhas escolhas.

E agora vamos conversar sobre os Estados Unidos.

Por quê?

Só estou tentando ver se consigo encontrar o rapaz de Jersey sob o muçulmano radical. Você gosta de Springsteen? Acompanha futebol americano? Torce para o Jets ou para o Giants? E basquete? Parou de torcer para o Nets quando eles se mudaram para o Brooklyn? E que tal Bon Jovi? Queen Latifah? Meryl Streep? — bom, retiro Meryl Streep. Acho que não faz seu tipo.

Não vou responder.

Então passemos ao nível nacional. A cultura americana. Você não acha que o assassinato é um esporte americano por excelência? Os americanos se matam em grande quantidade todo dia. Matamos todo mundo — crianças, adultos, judeus, quem você preferir. Matamos nos shoppings e hospitais e templos. Estou usando a segunda pessoa do plural porque também sou um cidadão americano. Claro que nunca pensei em matar ninguém, muito menos fiz planos disso. Mas você fez. Só que não conseguiu concretizá-los com sucesso. Não foi muito americano da sua parte, pensando bem. Talvez fosse seu lado libanês aflorando. O que acha?

Acho que você só fala merda.

Deixa eu perguntar uma coisa a sério. Quanto você acha que vale uma vida humana?

Vale em que sentido?

Não estou falando de valor em dinheiro. Não estou perguntando quanto você cobra por assassinato. É mais uma questão moral. A vida, na sua opinião, é valiosa ou não vale nada?

Depende de quem é a vida.

E quem determina esse valor?

Quem tiver o poder sobre o outro. Se você não tem poder, sua vida não vale merda nenhuma.

Então você, com a faca, tinha esse poder e determinou o valor da minha vida.

Podemos dizer que sim.

Mas agora você está na cadeia e eu estou fazendo as perguntas. Surpreendente, não é?

É. Estou surpreso.

Que valor você dá à sua própria vida? Queria saber. Queria perguntar a você sobre Sócrates, que disse que uma vida não examinada não vale a pena ser vivida. Disso se depreende que *só* uma vida examinada vale a pena ser vivida. Minha pergunta é: você examina sua vida? Você se olha no espelho todo dia e tenta deduzir o que pensa sobre as coisas que faz?

Isso para mim soa como vaidade. Como uma droga de narcisismo. "Oh, deixa eu me olhar no espelho porque a vida gira em torno de mim. Sou a pessoa mais importante."

E você não é?

É isso que estou tentando enfiar na sua cabeça. Eu não sou importante. Você, menos ainda. O importante é servir a Deus. Se você for o servo Dele, isso é importante. Escuta: na escola a gente faz uma experiência com limalha de ferro e um ímã. Quando você aponta o ímã, a limalha de ferro fica toda alinhada. Os pedacinhos apontam todos na mesma direção. É isso que estou dizendo. O ímã é Deus. Se você for feito de ferro, vai apontar na direção certa. E o ferro é a fé.

Estou começando a entender. Você quer ser um servo. Estava à procura de um mestre ou uma ideia que fosse maior do que você, e assim poderia se curvar diante disso. Você não queria ser livre. Queria se submeter.

Você continua não entendendo. Só a submissão leva à liberdade. Essa é a droga da questão.

Obrigado. Tenho mais algumas coisinhas para perguntar. Mas isso pode esperar.

Me deixa ir. Me deixa sair daqui. Essa é sua vingança, me manter aprisionado na sua cabeça?

Isso não é uma prisão. Talvez uma escola.

Você não tem nada a me ensinar.

É onde estamos. Um lugar em que o professor não consegue ensinar e o aluno não consegue aprender. E ainda por cima não está claro quem é o aluno e quem é o professor.

Por toda a eternidade.

A eternidade é um longo tempo. Digamos apenas que seja uma pena perpétua.

Quarta e última sessão.

Em *The Faith of a Rationalist* [A fé de um racionalista], Bertrand Russell diz o seguinte: "Os homens tendem a ter crenças que se prestam a suas paixões. Homens cruéis acreditam em um Deus cruel e usam sua crença para justificar sua crueldade. Apenas homens bondosos acreditam em um Deus bondoso, e eles seriam bons de um modo ou de outro". Soa convincente, mas no seu caso, caro A., parece não se adequar muito bem. Quantos anos tinha quando foi visitar seu pai no Líbano? Dezenove? Um menino solitário, sem pai durante a maior parte da vida, um menino com um vazio por dentro, que se deixava manipular e influenciar com facilidade, querendo ser manipulado e influenciado, mas não um jovem cruel. Um "menino inteligente com um bom coração que não machucaria ninguém". Assim surge a questão: como uma criança, que mal chegou à idade adulta, pode aprender a ser cruel? Será que a crueldade sempre esteve lá, em alguma caverna interior, esperando as palavras certas para ser liberada? Ou teria na verdade sido plantada no solo virgem de sua personalidade ainda informe, criando raízes e florescendo? Pessoas que o conheciam ficaram surpresas com o que fez. O assassino dentro de você não mostrara sua face antes. Esse eu virgem precisou de quatro anos de imame Yutubi para se tornar o que ele, você, se tornou.

Você não me conhece. Nunca vai me conhecer.

Tem uma coisa que eu costumava dizer na época, quando a catástrofe desabou em cima dos *Versos satânicos* e seu autor: que uma maneira de compreender a discussão em torno do livro era que se tratava de uma briga entre pessoas com senso de humor e pessoas sem nenhum senso de humor. Estou vendo você agora, meu assassino fracassado, *hypocrite assassin, mon semblable, mon frère* [assassino hipócrita, meu semelhante, meu irmão]. Você foi capaz de tentar matar porque não sabia rir.

A conversa imaginária chegou ao fim. Não tenho mais energia para imaginá-lo, assim como ele nunca teve a capacidade de me imaginar. Mas ainda há coisas que gostaria de lhe dizer, mesmo não acreditando que tenha a capacidade de escutar.

A mais importante delas é que a arte desafia a ortodoxia. Rejeitar ou vilipendiar a arte por fazer isso é não conseguir compreender sua natureza. A arte antepõe a visão pessoal apaixonada do artista contra as ideias prontas de seu tempo. A arte sabe que as ideias prontas são as inimigas da arte, como mostra Flaubert em *Bouvard e Pécuchet*. Os clichês são ideias prontas, assim como as ideologias, tanto as que dependem da sanção dos deuses do céu como as que não dependem. Sem arte, nossa capacidade de pensar, de enxergar com olhar renovado e de renovar nosso mundo murcharia e morreria.

A arte não é um luxo. Reside na essência de nossa humanidade e não pede nenhuma proteção especial, exceto o direito de existir.

Ela acata a discussão, a crítica e até a rejeição. Só não acata a violência.

E no fim sobrevive àqueles que a oprimem. O poeta Ovídio foi exilado por Augusto, mas a poesia de Ovídio sobreviveu ao Império Romano. A vida do poeta Mandelstam foi arruinada por Ióssif Stálin, mas sua poesia sobreviveu à União Soviética. O poeta Lorca foi assassinado pelos capangas do general Franco, mas sua arte sobreviveu ao fascismo da Falange.

Às vezes, topamos com as palavras das quais achamos que precisamos, palavras que soam como as palavras corretas, mesmo que vindas de um escritor sobre o qual não pensamos com frequência e ele esteja falando de um filósofo que não lemos. Essas palavras são de Joseph Campbell, e ele fala sobre Nietzsche:

Ocorreu a ideia a ele [Nietzsche] do que chamou de "amar seu destino". Seja qual for seu destino, aconteça o que acontecer, a pessoa diz: "É disso que eu preciso". [...] Qualquer desastre ao qual sobreviva é um aperfeiçoamento de seu caráter, sua estatura, sua vida.

Após algum tempo a gente se dá conta de que o que está sendo dito aqui é um clichê, que provavelmente não é verdade. Falando em bom inglês: o que não nos mata, nos fortalece.
Mas fortalece mesmo? De verdade?

7. Segunda chance

Milan Kundera, que faleceu enquanto eu escrevia este livro, acreditava que a vida é uma viagem sem volta. Não podemos mudar o que acontece. Não existem revisões nem rascunhos. Foi o que ele quis dizer com a "insustentável leveza do ser", que, segundo afirmou certa vez, poderia ser o título de qualquer livro que escreveu; e que podia ser algo tão liberador quanto insustentável. Sempre concordei com esse pensamento, mas o atentado de 12 de agosto me fez mudar de ideia. Conforme me recuperava das minhas feridas, tanto físicas como psicológicas, estava longe de ter certeza de que sairia "mais forte" da experiência. Fiquei feliz por simplesmente sair dela com vida. Se mais forte ou mais fraco, era cedo demais para dizer. Mas sabia do seguinte: graças a uma combinação de sorte, habilidade dos cirurgiões, cuidados e carinho, eu recebera uma segunda chance — algo que Kundera achava ser impossível. Sobrevivera contra todas as probabilidades. Assim, agora, a questão era: quando alguém recebe uma segunda oportunidade, o que faz com ela? Como a utiliza? O que devemos fazer da mesma maneira e o que fazer diferente? Peguei-me pensando em Raymond Carver, e seu poema "Gravy" [No lucro], que era sobre ele ser informado de que tinha mais seis meses de vida e depois continuar vivo por mais uma década. O poema fora escrito quando ele soube que seu tempo finalmente se esgotara. O câncer de pulmão o agarrara e não o largaria.

[...] *"Não chorem por mim",*
disse ele a seus amigos. "Sou um homem de sorte.
Tive dez anos a mais do que eu ou qualquer um
esperava. Puro lucro. E não se esqueçam disso."

Essa era uma boa maneira de pensar sobre isso. Todos os dias da vida, agora, eu estava no lucro. Obrigado, Ray. E, como você, também posso "dizer que fui amado", que me senti "amado neste mundo". Odiado, sim, isso também, mas "amado" supera todo ódio.

Eliza e eu decidimos que não pensaríamos no longo prazo. Ficaríamos gratos por cada dia no lucro e viveríamos o mais plenamente possível. Faríamos todo dia a pergunta: como estamos hoje? Em que pé as coisas estão neste exato momento? O que seria bom fazer hoje, não há problema em repetir e, se o fizermos, como procederíamos e com quem? Que tipo de coisa deveríamos evitar fazer até nossos instintos nos convencerem do contrário? Viver a curto prazo se tornou nossa filosofia. O horizonte estava distante demais. Não conseguíamos enxergar tão longe.

Na semana anterior à nossa comemoração do Dia dos Namorados, *Cidade da vitória* foi publicado, e sua recepção encheu meu coração de alegria. Tive obras publicadas boas e outras nem tanto, mas essa foi especial, em parte pelos motivos óbvios — que eu ainda estava aqui para testemunhá-la —, mas sobretudo por algo que talvez soe menos óbvio: que as resenhas e comentários sobre o romance não foram movidos por solidariedade ou pena, nada de críticas do tipo "Pobre Salman, sejamos bonzinhos com ele", e sim um envolvimento sério com o livro como obra de arte. Em geral esqueço as resenhas boas e só me lembro das ruins, mas dessa vez evitei essa negatividade. Mais do que tudo, fiquei orgulhoso do sucesso do livro na Índia, onde foi comentado com conhecimento, compreensão, empolgação e amor. Provavelmente minha obra mais bem recebida em meu país natal desde *Os filhos da meia-noite*, muito tempo atrás. Críticos indianos eminentes escrevendo em periódicos ocidentais também foram elogiosos. A publicação foi um sonho que me deu esperança e forças.

Eu não podia fazer muita coisa para facilitar o lançamento do livro. Foi extraordinário, porém, ver meus colegas escritores fazendo isso por mim. Vi Neil Gaiman e Margaret Atwood discutindo *Cidade da vitória* com Erica Wagner em um programa transmitido on-line diante de um grande público, em que Sarita Choudhury leu excertos melhor do que eu teria ousado esperar que qualquer um fizesse. No Hay Festival, no Reino Unido, Elif Shafak, Douglas Stuart e novamente Atwood realizaram outro debate para promover o romance. Para onde quer que eu olhasse, conforme contemplava meus passos seguintes de volta ao mundo, sentia os braços reconfortantes de amigos em torno dos meus ombros.

Fui ao Brooklyn visitar Paul Auster em sua casa em Park Slope. Que ano ele tivera! A morte de sua neta seguida da morte de seu filho. E agora o câncer. Ele começara a quimioterapia, e seus cabelos haviam caído. Paul sempre teve lindos cabelos. Agora sua cabeça ficava oculta sob um chapéu. Ele perdera peso. Mas mantinha-se em um bom estado de espírito. Precisava de quatro doses de químio a intervalos de três semanas, além da imunoterapia. A esperança era de que isso reduzisse o tumor. Então haveria de um mês a seis semanas para se recuperar dos efeitos debilitantes da quimioterapia, e depois, ele esperava, uma cirurgia. A cirurgia seria necessária para remover dois dos três lobos de um pulmão. Lembrei-o de que o dramaturgo e então presidente tcheco Václav Havel, igualmente um fumante inveterado, terminou com apenas meio pulmão após a cirurgia, mas continuou muito bem mesmo assim. Ele riu e disse que esperava se sair melhor do que isso. Foi bom vê-lo e escutá-lo rir. Fiquei feliz em ver seu otimismo. Mas o câncer era insidioso. Só poderíamos torcer para o melhor.

A boa notícia — ao menos para mim — foi que, após meio ano sem produzir, as energias da escrita haviam começado a fluir outra vez. Na época não liguei uma coisa com outra, mas, olhando em retrospecto hoje, acho que talvez minha reentrada cuidadosa na vida cotidiana tenha ajudado. Escrevi a proposta para o livro que você está lendo agora e meus editores gostaram. Virei mais uma vez um autor com um livro para escrever.

Para ser franco, era e é um livro que teria preferido mil vezes não precisar escrever. Havia e ainda há outro livro na minha cabeça, que eu pensara que poderia suceder *Cidade da vitória*, um romance sobre um misterioso e enigmático College, e a fim de me preparar para esse livro eu estivera relendo *A montanha mágica*, de Thomas Mann, e *O castelo*, de Franz Kafka, duas grandes obras sobre microcosmos misteriosos e enigmáticos do tipo que eu esperava que meu College pudesse ser. Fiz de tudo para evitar o clichê do elefante na sala, mas a verdade incontornável era que havia uma droga de mastodonte gigantesco no meu espaço de trabalho, agitando a tromba, bufando e com um cheiro para lá de forte. Eu escrevera sobre mastodontes absurdistas e cômicos em meu romance *Quichotte*, sobre pessoas em Nova Jersey se transformando em mastodontes, e agora aqui, com sua própria ligação a Jersey, estava um animal todo meu, insistindo em ser levado em consideração. Este livro constitui um acerto de contas. Digo a mim mesmo que é minha maneira de assumir o controle do ocorrido, tornando-o meu — tornando-o obra *minha*. Coisa que aliás sei como fazer. Lidar com um atentado homicida não é algo que saiba fazer. Transformar uma coisa em outra faz com que isso se torne algo de que posso me encarregar. Em teoria, pelo menos. Um livro sobre uma tentativa de assassinato pode ser uma maneira de o quase assassinado começar a lidar com o fato.

    É difícil, seja em que momento for, escrever sobre o transtorno do estresse pós-traumático, porque, bem, há o trauma envolvido e um bocado de estresse, e em consequência um eu transtornado. E, quando tanto você como sua estimada esposa passam pela experiência ao mesmo tempo, mas de maneiras diferentes, fica ainda mais difícil. E é bem difícil fazer isso com um olho só e uma mão e meia, porque a fisicalidade de escrever, o desconforto, é um lembrete, a cada digitada no teclado, da causa da sua dor. A mão parece estar dentro de uma luva e, quando se move, é como um papel desamassando por dentro. O olho... é uma ausência com uma presença imensamente poderosa.

    Minha maneira de tentar lidar com o TEPT foi afirmar, na maior parte do tempo, que estava bem. Falei para meu terapeuta: "Não sei de que adianta me queixar". Ele riu: "Você não sabia que o motivo de estar aqui é para se queixar?". Depois disso, tentei pôr as coisas pra fora, mas não foi fácil. É contra minha natureza. Eliza é diferente. Eu podia perceber diariamente como ficou abalada, como aquilo perturbou demais sua felicidade e como estava se esforçando para permanecer funcional, amorosa e presente. Tudo que podíamos fazer por nós era proporcionar um ao outro um ambiente afetuoso e solidário e seguir em frente como desse até as nuvens tempestuosas terem se dissipado.

Houve momentos em que a pressão ficou grande demais. "Preciso me afastar", disse Eliza. "Preciso de um tempo para mim mesma, para pensar, cuidar de mim e me curar." Concordei, e liguei para o gerente de um resort caribenho onde ficáramos em dias mais felizes. "Claro", ele disse. "Cuidaremos muito bem dela." Foi difícil vê-la partir, mas era óbvio que precisava. E suas inúmeras ligações diárias pelo FaceTime mostraram-me que seu rosto estava voltando ao que era, a tensão sumindo. O Caribe operava sua magia.

Obviamente seria simples demais afirmar que uma mudança de ares consertava tudo, mas isso proporcionou a ela uma tão necessária infusão de otimismo.

Quanto a mim, houve dias, sobretudo quando fiquei sozinho, em que era difícil sair da cama e fácil ser dominado por pensamentos negativos: *Acho que é o fim, estou acabado, o atentado simplesmente cobrou de mim um preço alto demais, e talvez esteja me matando pouco a pouco, ainda que eu pareça ter tido uma excelente recuperação; talvez a faca continue aqui dentro, movendo-se em direção ao meu coração*... Mas consegui tirar esses pensamentos da cabeça. E comecei a pensar em viajar também.

Em minha vida antes do ataque, eu visitava Londres muitas vezes por ano para ver a família e os velhos amigos, e também para o lançamento dos livros. Agora não fazia ideia de como isso iria funcionar. Minha família estava preocupada com minha segurança. Percebi que todo mundo precisava se tranquilizar. Assim fiz algo que não fizera em muito tempo. Mandei um e-mail para meu contato no Special Branch da Scotland Yard.

Antigamente, o Special Branch era a divisão à paisana da Polícia Metropolitana, que oferecia proteção a políticos e outros indivíduos considerados sob sério risco. Era separado da equipe de proteção da realeza, que cuidava da família real. Sempre houve certa rivalidade provocativa e (quase) amigável entre as duas equipes. Mas agora haviam sido reunidas em um mesmo órgão, a Unidade de Proteção Real e Especial, ou RaSP. Por muitos anos, a atitude deles em relação a mim fora: se sua visita é por motivos privados, não precisamos nos envolver; se comparecer a algum evento público, iremos junto. Assim, quando um livro meu estava para ser publicado, e eu me apresentava perante uma plateia em Londres ou qualquer lugar, no Hay Festival, por exemplo, agentes de segurança me acompanhavam e, muito discretamente, cuidavam de tudo. Mas de resto minha vida era problema meu.

Escrevi para meu contato: "À luz do que aconteceu, gostaria de saber sua posição caso eu visite a Inglaterra". Recebi prontamente uma resposta atenciosa perguntando sobre minha saúde, expressando o horror de todos na Yard com o que acontecera e dizendo que a decisão caberia ao comitê do Home Office que decidia quem recebia proteção e em que nível. A RaSP apresentaria o caso ao comitê tão logo fosse possível.

A decisão veio satisfatoriamente rápido. O comitê não levara muito tempo para decidir, fui informado, e a opinião unânime fora de que eu deveria mais uma vez receber proteção armada 24 horas enquanto estivesse no Reino Unido. Uma equipe iria encontrar a mim e a Eliza ao descermos do avião e ficaria conosco até entrarmos em outro avião para partir. Todo mundo em minha família ficou encantado. Senti uma profunda gratidão por toda essa preocupação do Reino Unido em me proteger. Mas ao mesmo tempo também senti que regredia a um passado do qual escapara mais de vinte anos antes, quando a avaliação do "nível de ameaça" caíra ao ponto em que a proteção não era mais considerada necessária. Bem, não me restava outra coisa exceto ficar grato. E fiquei.

"Só para tranquilizá-lo", disseram-me, "não temos conhecimento de nenhuma ameaça contra você no Reino Unido. Mas o problema é que sempre pode ter algum maluco e é difícil manter todos eles no nosso radar." Uma afirmação ao mesmo tempo tranquilizadora e nada tranquilizadora. Eu estava preocupado com outras coisas. Nos velhos tempos, algumas linhas aéreas tinham medo de me transportar. Também podia ser difícil encontrar acomodações. Se algum desses antigos contratempos voltasse, seria muito complicado viajar. Mas alguma coisa mudara. As companhias aéreas não criaram problema, os hotéis se mostravam dispostos a nos hospedar, o país estava de braços abertos. Eu não era mais alguém a temer. A afeição substituíra o temor, aos olhos do público. Isso fazia uma grande diferença.

 Aterrissamos em Londres na manhã de quinta-feira, 23 de março de 2023, e fomos recebidos pelo rosto sorridente de Barry, líder de nossa equipe de segurança. Minha reação instantânea foi de familiaridade e alívio. Eu já sabia como aquilo funcionava. Meus familiares e amigos também se lembravam e estavam felizes por eu ser mantido a salvo. Para Eliza, foi um pouco mais difícil. Ela não partilhava das lembranças dos velhos tempos e sentia-se compreensivelmente pouco à vontade em se ver cercada de policiais armados, ser conduzida a carros blindados e ouvir coisas como: Não tente abrir a porta, é muito pesada, deixe que abrimos para você. E as janelas não se abriam porque eram feitas de material à prova de balas e tinham no mínimo uma polegada de espessura.

 Tentei minimizar a situação. "A gente pode imaginar que é rico o suficiente para ter motorista particular", sugeri.

 "Não", ela respondeu. "Não parece nem um pouco com isso."

 "Ou podemos pensar em todo o dinheiro que estamos economizando com Uber", falei.

 Ela apenas me olhou. Eu conhecia aquela expressão. Significava: pare de ser idiota. Então parei. E, à medida que os dias passaram, ficou um pouco mais acostumada.

Dessa vez foi diferente. Nos velhos tempos, queriam que eu ficasse "invisível", e assim não gostavam da ideia de minha presença em lugares públicos (como restaurantes), e se eu fosse visitar a casa de familiares ou amigos, um ou dois policiais tinham de entrar e ficar comigo o tempo todo. E um persistente sentimento de desaprovação pairava no ar, não proveniente das minhas equipes de segurança, mas de seus chefes: uma crença digna de tabloides de que meus problemas eram minha culpa, e agora eu estava custando dinheiro demais. Dessa vez a abordagem foi muito mais amigável. Eu podia ir aonde quisesse que eles cuidavam de tudo. E, na casa das pessoas, aguardavam do lado de fora. Eu me senti mais do que protegido. Me senti valorizado.

Esses dez dias em Londres foram emocionantes para todo mundo. Milan veio me ver e disse: "Você parece muito melhor que da última vez". Sim, protestei, mas isso foi há cinco meses, e a gente se vê no FaceTime o tempo todo. "Não é a mesma coisa", ele disse. Samin sentiu-se da mesma maneira. Fazia sete meses desde a última vez que nos encontráramos, naquela ala traumática do Erie, em meu pior momento, quando estava mais debilitado. Novamente, ver-me em pessoa era "real" de uma maneira que imagens digitais não eram. E havia a alegria de ver minha netinha, Rose, e os velhos amigos. Coisas simples que significavam tudo. Além disso, gostei de ver *Cidade da vitória* exibido com destaque por toda parte e de escutar os amigos dizerem coisas boas a respeito do livro.

A editora de Eliza no Reino Unido lhe enviou as provas de seu romance. Na última página dos agradecimentos, descobri estas palavras:

Salman, que nosso amor mostre para este mundo impossível que nada é impossível. Amo você de todo o coração e com todas as histórias que já viveram em mim e todas as histórias que ainda estão por vir. Salman — minha alegria, meu lar, minha alegria, meu sonho e meu milagre — *Sempre*.

Era a mais bela declaração de amor que eu já havia lido, quanto mais recebido.

Quando voltamos a Nova York, ocorreu-me com toda a clareza que era nisso que minha segunda chance na vida deveria se concentrar: no amor e no trabalho.

Após um longo silêncio, eu reativara minha conta no Twitter para colaborar com o lançamento de *Cidade da vitória*, retuitando resenhas e assim por diante. Mas o Twitter é um poço envenenado, e se você mergulha um balde ali dentro, extrai sua cota de imundície. Quando a plataforma me ofereceu a opinião de um professor de Oxford de que meus defensores tinham "uma ideia liberal da liberdade de expressão", consegui ignorar isso e dar de ombros. Mas também havia diversas vozes muçulmanas comemorando o que acontecera comigo, fazendo votos de que eu perdesse também o outro olho e me comparando, em minha condição monocular, à figura do Dajjal, o "falso messias" caolho da demonologia muçulmana, que primeiro finge ser um profeta e mais tarde também alega ser Deus. Fui "revelado", assim me informaram, como o Dajjal que verdadeiramente era. Além disso, estava deformado, era hediondo, parecia um monstro e assim por diante. Era desnecessário deixar esse lixo entrar na minha cabeça. Não tinha nada a ver com amor ou trabalho. De muito bom grado, sem arrependimentos, deletei o aplicativo do Twitter do meu celular.

Eu continuava a pensar no conflito de narrativas que dominara minha vida pública por tanto tempo — havia uma narrativa em que era respeitado e outra em que era detestado —, e comecei a ver esse conflito como parte de uma batalha mais ampla de narrativas que nos atormentam a todos. Em 13 de maio de 2022, a PEN America convocara um encontro internacional único de escritores nas Nações Unidas para discutir a melhor forma de reagirmos a um mundo em crise — referindo-se à guerra na Ucrânia, mas não apenas isso. Fui convidado a falar brevemente no encontro. Eis o que disse na ocasião:

> Estamos envolvidos numa guerra mundial de narrativas — uma guerra entre versões incompatíveis da realidade, e precisamos aprender a travá-la.
>
> Um tirano surgiu na Rússia e a brutalidade toma conta da Ucrânia, cujo povo, liderado por um satirista transformado em herói, oferece resistência heroica e cria desde já uma lenda de liberdade. O tirano cria falsas narrativas para justificar sua agressão — os ucranianos são nazistas e a Rússia está ameaçada por conspirações ocidentais. Ele tenta fazer uma lavagem cerebral em seus próprios cidadãos com tais narrativas mentirosas.
>
> Enquanto isso, os Estados Unidos retrocedem à Idade Média, conforme a supremacia branca se impõe não apenas sobre os corpos negros, mas também sobre os corpos femininos. Falsas narrativas enraizadas em uma religiosidade antiquada e em ideias preconceituosas de séculos atrás são usadas para justificar isso e encontram um público crédulo e ávido.
>
> Na Índia, o sectarismo religioso e o autoritarismo político andam de mãos dadas e a violência aumenta à medida que a democracia perece. Mais uma vez, falsas narrativas da história indiana estão em ação, narrativas que privilegiam a maioria e oprimem as minorias; e essas narrativas, é bom que se diga, são populares, assim como muitos acreditam nas mentiras do tirano russo.

Esse agora é o medonho cotidiano do mundo. Como devemos responder? Costuma-se dizer, eu mesmo já o disse, que os poderosos talvez sejam os donos do presente, mas os escritores são donos do futuro, pois é por meio de nosso trabalho, ou a melhor parcela dele, ao menos, as obras que perduram até esse futuro, que as atuais perfídias dos poderosos serão julgadas. Mas como pensar no futuro quando o presente clama por nossa atenção, e o que, se deixarmos a posteridade de lado e prestarmos atenção a esse pavoroso momento, podemos fazer de útil ou efetivo? Um poema não detém uma bala. Um romance não desarma uma bomba. Nem todos os nossos satiristas são heróis.

Mas não estamos indefesos. Mesmo após Orfeu ser feito em pedaços, sua cabeça decepada, flutuando no rio Hebrus, continuou cantando, lembrando-nos de que a canção é mais poderosa que a morte. Podemos cantar a verdade e apontar os mentirosos, podemos nos unir em solidariedade a nossos colegas na frente de batalha e contribuir com nossa voz para amplificar a deles.

Acima de tudo, devemos compreender que essas narrativas residem no coração do que está acontecendo, e as versões desonestas dos opressores se revelaram atraentes para muitos. Assim, devemos trabalhar para expor as falsas narrativas dos tiranos, populistas e tolos contando histórias melhores do que eles, histórias nas quais as pessoas queiram viver.

Essa guerra não é travada apenas no campo de batalha. As narrativas nas quais vivemos também são territórios contestados. Talvez possamos tentar fazer como o Dedalus de Joyce, que buscou forjar, na fornalha de sua alma, a consciência incriada de sua raça. Podemos fazer como Orfeu e cantar em face do horror, e não parar de cantar até a maré virar, e um dia melhor ter início.

Revisitando esse texto quase onze meses depois, onze meses durante os quais minha vida fora transformada pela violência desencadeada por uma falsa narrativa, compreendi que minha segunda chance na vida não podia se contentar apenas com prazeres privados. Amor, acima de tudo, e trabalho, claro, mas havia uma guerra a travar em muitas frentes — contra o revisionismo fundamentalista que procurava reescrever a história, fosse em Nova Delhi, fosse na Flórida; contra as autoridades cínicas que tentavam apagar os dois pecados originais dos Estados Unidos, a escravidão e a opressão e o genocídio dos habitantes originais do continente; contra as fantasias de um passado idealizado (quando exatamente os Estados Unidos foram "grandes" no sentido que aquelas pessoas de boné vermelho pretendiam recriar?); contra as mentiras autoinfligidas que separaram a Grã-Bretanha da Europa. Eu não podia ficar de braços cruzados enquanto essas batalhas grassavam. Também queria — precisava — permanecer envolvido nessa luta.

Mas havia uma discussão que eu não estava interessado em levar adiante: a discussão que arruinou minha vida. A discussão sobre Deus.

Vou expressar aqui, pela última vez, minha opinião sobre religião — qualquer religião, todas as religiões —, e depois, no que me diz respeito, é assunto encerrado. Não acredito na "evidência de coisas invisíveis". Não sou religioso. Venho de uma família em que a maioria não é religiosa. (Minha irmã mais nova, Nabila, que morreu precocemente, foi uma exceção. Ela era devota.) Nunca senti necessidade da fé religiosa para me ajudar a compreender o mundo e lidar com ele. Porém, entendo que para muita gente a religião proporciona uma âncora moral e parece essencial. E na minha opinião a fé pessoal de alguém não é da conta de ninguém, exceto do indivíduo em questão. Não tenho problema com a religião quando ela ocupa seu espaço privado e não tenta impor seus valores aos outros. Mas quando a religião vira um instrumento político, até um instrumento de morte, passa a ser da conta de todo mundo, devido à sua capacidade de causar o mal.

Sempre lembro que na época do Iluminismo francês o inimigo na batalha pela liberdade era menos o Estado que a Igreja. A missão da Igreja católica, com seu arsenal de armas — blasfêmia, anátema, excomunhão, sem mencionar seus instrumentos de tortura nas mãos da Inquisição —, era impor suas rígidas restrições ao pensamento: *até aqui pode, mais além, não*. E a missão assumida pelos autores e filósofos do Iluminismo foi desafiar essa autoridade e romper com essas restrições. Dessa luta se originaram as ideias que Thomas Paine trouxe aos Estados Unidos e que formaram a base dos ensaios *Common Sense* [Senso comum] e *The American Crisis* [A crise americana] que inspiraram o movimento de independência, os Pais Fundadores e o moderno conceito de direitos humanos.

Na Índia, após o banho de sangue dos massacres da Partição, que se alastraram pelo subcontinente na época da independência do domínio britânico e da criação dos Estados da Índia e do Paquistão — hindus massacrados por muçulmanos, muçulmanos por hindus, algo entre 1 milhão e 2 milhões de mortos —, outro grupo de pais fundadores, liderados por Mahatma Gandhi e Jawaharlal Nehru, resolveu que a única maneira de assegurar a paz na Índia era remover a religião da esfera pública. A nova Constituição indiana era portanto secular na linguagem e na intenção, e isso perdura até o presente momento, quando o atual governo tenta minar essas fundações seculares, desacreditar seus fundadores e criar um Estado hindu abertamente religioso e majoritário.

Quando os fiéis acham que suas crenças devem ser impingidas sobre outros que não creem nelas, ou quando acham que os descrentes devem ser impedidos de exercer a expressão vigorosa ou espirituosa de sua descrença, é problemático. A beligerância cristã nos Estados Unidos resultou na anulação de *Roe v. Wade* e na atual batalha pelo aborto e pelo direito de escolha das mulheres. Como mencionei acima, a beligerância de uma espécie de hinduísmo radical na atual liderança indiana levou a inúmeros conflitos sectários e até à violência. E a beligerância do islã no mundo todo levou diretamente aos reinados de terror do Talibã e dos aiatolás, à sufocante sociedade da Arábia Saudita, ao atentado à faca contra Naguib Mahfouz, aos ataques contra a liberdade de pensamento e à opressão feminina em muitos Estados islâmicos, e, para ser pessoal, ao atentado contra mim.

Muita gente, tanto liberais como conservadores, pisa em ovos quando convidada a criticar a religião. Mas, se pudéssemos simplesmente fazer a distinção entre fé religiosa pessoal e ideologia pública, politizada, seria mais fácil enxergarmos as coisas como são e nos manifestarmos sem preocupação de ferir suscetibilidades. Na vida privada, acredite no que quiser. Mas, no caótico mundo da política e da vida pública, nenhuma ideia deve ficar além da crítica.

Todas as religiões dizem respeito a mitos de origem, relatos da criação do mundo por um ou mais seres sobrenaturais. Este é meu mito de origem sobre as próprias religiões. Imagino que, há muito tempo, antes de nossos ancestrais primitivos terem qualquer entendimento científico do universo — quando acreditavam que vivemos sob um prato e que a luz do céu passava por buracos no prato, e em outras histórias como essa —, procuraram respostas fabulares para as grandes questões existenciais — Como chegamos aqui? Como o *aqui* chegou aqui? —, e o conceito de um deus ou deuses do céu, um Pai Criador ou um panteão de tais seres, evoluiu. Então, à medida que esses ancestrais procuraram sistematizar as ideias de certo e errado, de comportamento apropriado e inapropriado, à medida que se faziam a grande questão subsequente, *Agora que estamos aqui, como devemos viver?*, os deuses do céu, os deuses do Valhalla, os deuses do Kailash passaram a ser também árbitros morais (embora nas religiões panteístas a grande diversidade de deidades contivesse muitas que não se comportavam particularmente bem, que não podiam ser apontadas como exemplos morais brilhantes). Há muito tempo penso nesse passado hipotético como uma espécie de infância da raça humana, quando aqueles nossos parentes distantes precisavam de deuses assim como crianças precisam de pais, para explicar sua própria existência e lhes fornecer regras e limites que pautassem seu desenvolvimento. Mas chega uma hora em que precisamos crescer — ou deveríamos, já que para muitas pessoas essa hora ainda não chegou. Para citar são Paulo em 1ª Coríntios 13,11: "Quando era criança, falava como criança, pensava como criança, raciocinava como criança. Depois que me tornei homem, fiz desaparecer o que era próprio da criança". Não precisamos mais da(s) figura(s) de autoridade paterna de um Criador ou de Criadores para explicar o universo ou como evoluímos até chegar ao que somos. E não temos, ou, dizendo mais modestamente, não tenho a menor necessidade de mandamentos, papas ou sacerdotes de nenhuma espécie para transmitir minha moral. Tenho meu próprio senso de ética, muito obrigado. Não foi Deus que nos transmitiu a moralidade. Fomos nós que criamos Deus para personificar nossos instintos morais.

Há mais uma coisa a dizer que ainda não disse. Embora sempre tenha sido muito influenciado pelo pensamento e pela arte muçulmanos (por exemplo, a sequência Hamzanama de pinturas produzida durante o reinado do imperador mogol Akbar; o *Mantiq ut-Tair*, ou *Conferência dos pássaros*, poema místico-épico escrito por Fariduddin Attar que se assemelha a um *Pilgrim's Progress* [O peregrino] islâmico; e a filosofia liberal do pensador árabe e erudito aristotélico espanhol Averrois, ou Ibn Rushd, em homenagem ao qual meu pai denominou nossa família), acabei percebendo que em alguns aspectos fui mais influenciado pelo mundo cristão do que me dava conta. Para começar, adoro a música. Muitos de seus hinos permanecem eternizados na minha cabeça e até hoje consigo cantar "O Come, All Ye Faithful" ou "Adeste, Fideles" em latim. Lembro-me com prazer de todo o tempo passado em meu internato britânico, do rúgbi, de cantar em uma apresentação do *Messias* de Handel na capela escolar de tijolos vermelhos em estilo neogótico de William Butterfield e de participar entusiasticamente do coral de "Haleluia". Sou incapaz de esquecer a beleza das vozes do coro do King's College, cantando na capela de Cambridge, que sempre achei o edifício mais lindo da Inglaterra, suas melodias assombrando os gramados e pátios enevoados do meu lar universitário. E não só acabei de citar Paulo em 1ª Coríntios, como também percebo que o citei, sem dar o crédito, no começo deste livro, quando falei sobre ver através de um espelho escuro (que na verdade é de 1ª Coríntios 13,12). Sem dúvida a linguagem da Bíblia do rei James, ou a Versão Autorizada, muitas vezes escapa por meus lábios. Desde que li a obra-prima cômica de Jeeves e Bertie em *Joy in the Morning*, de P. G. Wodehouse, afeiçoei-me ao Salmo 30 ("de tarde vem o pranto, de manhã, gritos de alegria"). E o que dizer de Leonardo da Vinci, Michelangelo e todo o resto? Há alguns anos, Eliza e eu estávamos na Capela Sistina, olhando para o teto, com os guardas anunciando gravemente: "*Silenzio, no foto*". Por mais dominado pela beleza que estivesse, em minha rebeldia de ateu consegui tirar um bom punhado de fotos.

Então: sim, a arte, a arquitetura, a música cristãs, até o Antigo Testamento, penetraram em meu ser, assim como suas contrapartidas muçulmanas e hindus. (*Cidade da vitória* é profundamente influenciada pelas narrativas hinduístas, como foi o caso de *Os filhos da meia-noite*, muito antes.) Nada disso faz de mim um crente. Meu ateísmo permanece intacto. Isso não vai mudar nessa segunda chance em minha vida.

* * *

Em 7 de janeiro de 1938, em Paris, quando quase todas as suas maiores obras, com exceção de *More Pricks Than Kicks*, ainda estavam por ser escritas, e quando ele trabalhava em seu romance *Murphy*, Samuel Beckett voltava para casa pela Avenue de la Porte-d'Orléans, depois de ir ao cinema, e foi abordado por um cafetão chamado Prudent, que exigiu dinheiro. Beckett empurrou Prudent, que sacou uma faca e o esfaqueou no peito, quase perfurando seu pulmão esquerdo e o coração. Beckett foi levado para o hospital mais próximo, l'Hôpital Broussais, sangrando profusamente, e escapou por muito pouco; James Joyce pagou as despesas de um quarto particular para ele no hospital.

Conforme lia essa história — mais um imortal literário, mais um ataque à faca —, comecei a me censurar. O que era isso, um clube? Por que eu tentava me cercar das sombras desses gigantes feridos? Era uma tolice. Devia parar.

Então vi que após receber alta do hospital, Beckett foi ao julgamento do cafetão, encontrou-se com Prudent na sala do tribunal e lhe perguntou por que fizera aquilo. O homem respondeu: "*Je ne sais pas, monsieur. Je m'excuse*" — Não sei, senhor. Peço desculpa. Não era lá essas coisas, como resposta, mas, quando a li, fez com que eu quisesse olhar na cara de meu agressor, como Beckett fizera, e falar direto com ele.

Até onde eu sabia, o sujeito continuava se declarando inocente. Se isso não mudasse, haveria todo um julgamento e, conforme me informou meu advogado, Nic, era bem provável que eu tivesse de comparecer e depor pessoalmente.

"Preciso mesmo estar presente?", perguntei. "Não posso fazer isso à distância?"

"Se eu fosse o promotor", disse Nic, "ia querer você no tribunal. A presença da vítima da agressão seria muito poderosa."

Sem problema, pensei. *Estou pronto para fazer isso.* Nic afirmou que entraria em contato com o gabinete da promotoria para descobrir como o trabalho sobre as acusações de tentativa de homicídio e lesão corporal estavam progredindo, e também com os agentes federais, para descobrir em que pé estavam na tentativa de enquadrar o processo como terrorismo. *Pois é*, pensei. *Se Samuel Beckett podia enfrentar seu agressor no tribunal, eu podia perfeitamente enfrentar o meu.*

Eu concordara com uma entrevista para todas as traduções importantes de *Cidade da vitória*. Conversas por Zoom com Eduardo Lago para o *El País*, Maurizio Molinari para o *La Repubblica*, Adam Soboczynski para o *Die Zeit*. Mas então o *Die Zeit* teve a ideia de convidar Eliza a fazer um retrato meu, que usariam na entrevista. Ela aceitou com o maior prazer. E num domingo de primavera, no início de abril, o primeiro dia realmente ensolarado da primavera, fomos ao Central Park, perto do reservatório, onde se viam flores de cerejeira por toda parte. Havia corredores, gente caminhando, músicos, pessoas relaxando no gramado e nos botes a remo; a cidade saíra para apreciar o lindo dia.

Câmeras chamam a atenção, as pessoas querem ver para o que estão apontando, e assim fui reconhecido por muita gente durante toda a tarde. Foi agradável constatar a solidariedade, e até a vibração, de quem me reconhecia. Os nova-iorquinos são bons em não se intrometer demais. Acenam e continuam em sua corrida, sorriem efusivamente e seguem com a vida deles, fazem sinal de positivo, soltam exclamações alegres, encorajadoras. Não param. Não incomodam você. Vão em frente. Adorei estar ali, no parque com meus concidadãos, todos celebrando a vida à sua própria maneira. Eliza me fotografou engrinaldado em flores. A foto foi um grande sucesso, primeiro no *Die Zeit* e depois — porque foi usada por outros jornais — em toda a Europa. Era uma imagem emotiva. Havia amor dos dois lados da câmera. Foi um retrato do amor.

Depois chegou nosso aniversário, May Day, "Dia do Trabalho", seis anos de minha trombada com a porta de vidro. *Mayday, m'aidez*, me ajude, o sinal internacional de socorro. Eliza acorrera em meu resgate naquele terraço em que nos conhecemos. E então permaneceu em minha vida e a mudou para melhor. E agora estava no processo de me socorrer outra vez. Fomos a um de nossos lugares favoritos, um francês em Tribeca, e brindamos.

Nic, o advogado (jovem, dinâmico, inteligente, bom de verdade no que faz), agora achava que o A. provavelmente mudaria sua declaração para "culpado" e tentaria algum tipo de acordo.

Bem, caiu na real, pensei. Quem sabe afinal percebeu que havia mais de mil testemunhas do crime.

"Tem uma coisa estranha", disse Nic. "Em geral, quando abrem um processo federal, o estadual deixa de existir. Mas parece que tem dois processos aqui, correndo paralelos, tanto o estadual como um novo processo federal."

"E ele pode concordar em se declarar culpado das duas acusações?"

"Tenho certeza de que os advogados dele gostariam de um acordo abrangente. Os dois processos juntos. Ainda preciso esclarecer algumas coisas. Mas, no geral, do processo estadual a gente já sabe: tentativa de homicídio e lesão corporal. Parece que a acusação federal vai ser de terrorismo — fornecimento de apoio material para uma conhecida entidade terrorista, ou algum argumento do tipo. Ele se declararia culpado de tudo isso, seria sentenciado nos dois foros e cumpriria as duas penas, uma seguida da outra."

"E de quanto tempo podem ser essas penas?"

"Não tenho nenhuma resposta conclusiva pra lhe dar. Mas muito aproximadamente, se acontecesse isso, ele cumpriria, no total, algo em torno de trinta a quarenta anos."

Pensei: *Daqui a quarenta anos terei 116 anos. Então imagino que tudo bem.*

Perguntei sobre a condicional: "E se ele tiver o tempo reduzido por bom comportamento? O cara é bem novo. Não gostaria de vê-lo à solta por aí com uns quarenta e poucos anos, à minha procura".

"No caso de uma condenação federal", respondeu Nic, "não existe condicional. Ele tem que cumprir a pena até o fim. No máximo poderia conseguir uma redução de quinze a vinte por cento por bom comportamento. Assim, se for sentenciado a vinte anos, vai cumprir dezessete com certeza. E se receber mais vinte no foro estadual, provavelmente são mais dezessete anos. É difícil saber ao certo, porque o juiz de cada processo tem certa margem para proferir a sentença."

"Entendo. É difícil ficar satisfeito quando o negócio é tão vago e a gente nem sabe se ele vai mudar sua declaração de inocência. Só tenho uma coisa a dizer: não ouvi uma palavra de arrependimento ou remorso partindo dele, nem por seu advogado, em oito meses. No meu entender, isso faz dele um homem perigoso."

"Compreendo."

"O que acontece se houver um acordo e eu não gostar dos termos?"

"Bom, você não tem direito a veto. Seu direito, como vítima, é saber o que está sendo discutido e qual foi ou será o acordo, e tem total direito de expressar sua opinião sobre isso, com toda a clareza que quiser."

"Então a gente pode influenciar."

"Talvez. Um pouco."

"E onde isso aconteceria? E quando?"

"O processo estadual possivelmente será julgado no Tribunal do Condado de Chautauqua. O federal, em Buffalo."
"Os dois deverão acontecer ao mesmo tempo?"
"Não. Deve haver um intervalo entre um e outro. E em cada processo também teria um intervalo entre a declaração de culpa e o veredicto."
"De quanto tempo?"
"Tudo isso pode levar muitos meses. Pode ser que não esteja encerrado até a metade do ano que vem."
"Meu Deus, que lentidão."
Quando desliguei o telefone, pensei: *Meu momento Samuel Beckett pode realmente acontecer. Talvez esteja prestes a chegar.*

O PEN Gala 2023, no qual eu receberia o Centenary Courage Award, era particularmente significativo para mim. Minha ligação com a PEN America era longa e profunda. No passado eu fora presidente e cofundador do PEN World Voices Literary Festival e travávamos o bom combate juntos havia décadas. Infelizmente, às vezes o combate não era tão bom e não passava de uma briga de rua. Eu não podia esquecer que oito anos antes, em abril de 2015, quando esse mesmo Courage Award fora oferecido aos cartunistas mortos da revista satírica francesa *Charlie Hebdo*, uma quantidade preocupante de escritores proeminentes objetou que a revista às vezes ridicularizava o islã. Ela satirizara o catolicismo e Israel muito mais vezes, e atacara acintosamente o governo francês, mas foi caracterizada por essas eminências literárias como islamofóbica e estatista, ainda que muitos deles admitissem nunca ter visto um exemplar da revista e tampouco ser capazes de ler em francês, em todo caso. Houve uma disputa amarga. Amizades foram rompidas, incluindo várias minhas, porque eu pensava, e ainda penso, que deixar de apoiar nossos colegas caricaturistas que haviam sido assassinados pelos terroristas islâmicos era uma atitude moralmente confusa de ser adotada. Não pude deixar de me perguntar o que a panelinha anti-*Charlie* pensava do prêmio concedido a mim. Talvez fossem contra, também. Não sei dizer. Nenhum deles me procurou em muitos anos. Até onde sei, nenhum deles comentou o atentado que sofri, nem a premiação da PEN. Tudo isso proporcionou um tempero especial ao evento da PEN, mas minha atenção não estava focada nessas coisas. A noite foi alegre, porque senti que voltava a me juntar ao mundo dos escritores e me encontrava mais uma vez próximo daqueles que considerava "minha gente". Fiquei imensamente feliz por estar ali, no Museu de História Natural, sob a baleia, com amigos. Foi outro grande passo de volta ao mundo — o maior, até então.

Em meu discurso na cerimônia, prestei homenagem a todos que me socorreram em Chautauqua. "Fui o alvo nesse dia, mas eles foram os heróis." Falei sobre como a PEN era importante "nesse momento em que os livros, as bibliotecas e os autores são atacados de todos os lados". E concluí meus comentários assim, usando, até certo ponto para minha surpresa, um velho slogan marxista: "O terror não deve nos aterrorizar. A violência não deve nos deter. *La lutte continue*".

(Não, Philip, falei baixinho para o grande Roth. A luta não acabou. Pode ficar com sua anotação de Post-it.)

O PEN Gala foi um momento de grande otimismo, e estávamos numa boa disposição, mas as novidades sobre nossos amigos não eram reconfortantes. Martin fora cremado na Flórida e Isabel não sabia o que fazer. Hanif recuperara parte dos movimentos das pernas, porém não das mãos. Estava ansioso por voltar para a Inglaterra, mas a clínica de fisioterapia para onde queria ir não tinha vaga. Paul não obteve bons resultados em um exame de função pulmonar e desse modo não poderia realizar a cirurgia para remover as áreas infeccionadas do pulmão. Parecia quase indecente ficar num estado de espírito positivo.

Alguns dias depois, voltei a ouvir dizer que um acordo para o A. podia ser uma possibilidade. E a hipótese de uma sentença de prisão de trinta ou quarenta anos não estava longe da realidade. Mas nada estava certo.

Só restava esperar.

8. Desfecho?

Aguardei. A primavera se estendeu pelo verão, e no verão de 2023 era como se a própria Terra estivesse em chamas. Incêndios no Canadá coloriram de laranja o céu de Nova York e deixaram o ar perigoso de respirar. Recordes climáticos foram quebrados em Las Vegas e, no calor escaldante do Vale da Morte, pessoas começaram a morrer. Lembrei-me do filme de ficção científica de 1961, *O dia em que a Terra se incendiou*, no qual a Terra sai de órbita devido à ação humana e mergulha em direção ao Sol. Ontem um filme B, hoje uma manchete de noticiário. A TERRA EM ÁGUAS NÃO MAPEADAS, anunciou a BBC, e havia relatos de que os peixes estavam morrendo cozidos no mar.

Aguardar é pensar, e pensar profundamente é, muitas vezes, mudar de ideia. Minha raiva passou. Pareceu trivial, comparada à raiva do planeta. Fazia um ano desde o atentado, e nesse desagradável aniversário compreendi que haviam acontecido três coisas que me ajudaram em minha jornada de aceitação. A primeira foi a passagem do tempo. O tempo pode não curar todas as feridas, mas amorteceu a dor, e os pesadelos sumiram. A segunda foi a terapia. Minhas sessões com meu terapeuta, o dr. Justin Richardson, ajudaram-me mais do que sou capaz de pôr em palavras. E a terceira foi escrever este livro. Isso tudo não me proporcionou um "desfecho", se de fato era possível encontrar tal coisa, fosse lá o que fosse, mas significou que o ataque passou a me oprimir menos do que antes. E consequentemente eu não tinha mais certeza se queria, ou precisava, enfrentar e lidar com o A. na sala do tribunal. Meu "momento Samuel Beckett" não parecia mais tão essencial assim.

A justiça se movia com excruciante lentidão, em todo caso. Semanas se passaram e eu continuava sem uma indicação definitiva de quando a questão seria julgada perante o tribunal estadual ou federal. Por fim, fui informado de que havia uma "audiência Huntley" programada para agosto. Uma audiência Huntley é realizada para determinar se o tribunal proibirá a promotoria de usar durante o julgamento as declarações dadas pelo réu ao ser preso. Era bem possível que, nesse caso, o representante do A., um advogado público, quisesse descartar a entrevista (autoincriminadora demais) concedida ao *New York Post*? Contudo, na audiência, o advogado optou por não chamar nenhuma testemunha, nem apresentou nenhuma prova em favor de seu cliente. Mas o policial que efetuou a prisão do A., Zachary Colbin, depôs. Um jornal local noticiou que o A. disse (a Colbin) que deixara uma bolsa perto do palco. Colbin perguntou se havia alguma bomba nela, ao que (o A.) respondeu que não — só facas. A bolsa foi localizada e revistada. Confirmou-se que as facas foram as únicas armas encontradas. Quer dizer então que ele levou consigo uma coleção de facas? Isso era sem dúvida estranho. Já é bastante arriscado entrar armado em um auditório. Com várias armas, mais arriscado ainda. Ele não ficara preocupado de ser revistado? E quantas facas eram? Planejara usar mais de uma? Ou achara difícil escolher qual usar? Teria sido uma decisão tomada no calor da hora? Ou uma escolha aleatória, não importava qual fosse usar? Será que pensou em distribuí-las para o público e convidar as pessoas a se juntar a ele? Eu não tinha respostas para essas perguntas. Em todo caso, não foi feita nenhuma determinação em favor do réu. Os promotores afirmaram que iriam a julgamento, que agora aconteceria numa data não especificada em 2024.

Perguntei a Nic: "Isso quer dizer que não haverá acordo, no fim das contas, e sim um julgamento completo em que precisarei testemunhar?". "É provável que não", resumiu Nic. "O sr. A. muito provavelmente continuará admitindo a realidade de sua situação e apresentará a declaração de culpado em ambos os foros". *Ok*, pensei. *Claro que eu compareceria para depor, se necessário. Mas isso agora estava mais para um dever cívico. Não mais um modo de satisfazer uma necessidade.*

Por que eu havia mudado de ideia? Por que o "momento Samuel Beckett" parecia menos urgente do que fora pouco tempo antes? Decerto, no mínimo, devia haver um drama gratificante inerente à ideia de a vítima de um ataque homicida, eu, enfrentar o homem que tentara assassiná-lo? Seguramente eu seria capaz de pensar em algo que valesse a pena dizer ao assassino fracassado? O puro surrealismo da cena não era convidativo em algum nível para o autor de tantas cenas surrealistas? Não poderia ser bom para mim?

A resposta era clara. Quanto mais passos eu dava de volta à vida "comum" ou "real", menos apetite tinha para esse episódio "extraordinário", "irreal". O que me interessava agora era *continuar*, escrever o próximo capítulo no livro da vida. O atentado parecia uma grande mancha de tinta vermelha entornada em uma página anterior. Feia, mas não arruinava o livro. Era só virar a página e seguir em frente.

Decidi que, se no fim fosse obrigado a comparecer ao tribunal e testemunhar, gostaria de dizer a ele algo assim:

Aqui estamos nós: o homem que não conseguiu matar um escritor de 75 anos e o escritor, agora com 76 anos, que ele não conseguiu matar. E, até certo ponto, para minha própria surpresa, descubro que tenho muito pouco a lhe dizer. Nossas vidas se cruzaram por um instante e depois se separaram. A minha melhorou desde esse dia, enquanto a sua se deteriorou. Você fez uma aposta ruim e perdeu. A sorte estava do meu lado.

Pessoas que acreditavam conhecê-lo bem descreveram você como alguém que nunca machucaria uma mosca. Mas elas não o conheciam tão bem quanto achavam que conheciam. Você está exposto aqui como um possível assassino, e um assassino incompetente, aliás. Você tapeou essas pessoas ocultando sua verdadeira natureza, mas nunca mais vai tapear ninguém outra vez. Agora está nu perante o mundo.

Talvez, nas décadas de cárcere que o aguardam, você aprenda o que é introspecção e acabe compreendendo que fez algo errado. Mas quer saber? Não me importo. Acho que foi para lhe dizer isso que vim a este tribunal. Não me importo com você, nem com a ideologia que afirma representar e que representa tão mal. Tenho minha vida, meu trabalho e pessoas que me amam. É com essas coisas que me importo.

Sua intrusão na minha vida foi violenta e prejudicial, mas agora eu a retomei, e ela está cheia de amor. Não sei o que vai preencher seus dias na prisão, mas tenho certeza de que amor não vai ser. E, se algum dia pensar em você no futuro, será com um desdém indiferente. Eu não o perdoo. Também não o considero *imperdoável*. Você é irrelevante para mim, simplesmente. E a partir de agora, pelo resto dos seus dias, vai ser irrelevante para todo mundo. Fico feliz por ter minha vida, e não a sua. E a minha vida vai seguir em frente.

Eu não conseguia deixar de pensar no meu olho perdido. Por mais calmo que começasse a me sentir, não aceitara o fato. Quando conversei com David Remnick para a revista *The New Yorker*, afirmei a ele que este livro não seria escrito na terceira pessoa, como fizera em meu livro de memórias autobiográficas, *Joseph Anton*, porque se alguém esfaqueia você quinze vezes, isso sem dúvida afeta a primeira pessoa. Isso é uma "*I-story*" [narrativa do eu]. E agora, disse a mim mesmo, é também uma "*eye-story*" [narrativa do olho]. Outras narrativas oculares invadiram meus pensamentos. Lembrei-me do aterrorizante Sandman de E. T. A. Hoffmann (bem diferente do personagem Sandman de Neil Gaiman, o "Sonho"), que atira areia ardente no rosto das pessoas e se apossa de seus olhos derretidos. Compreendi, lendo Hoffman, que eu não era o único para quem a cegueira era a pior coisa do mundo.

No *Ensaio sobre a cegueira*, de José Saramago, uma epidemia deixa todo mundo cego numa cidade não identificada, e então a ordem social se desintegra e desmorona, e a violência, a fome, a doença e o terror vêm a seguir. Quando li o romance, há alguns anos, achei-o extraordinário, mas fiquei decepcionado com o final, em que a cegueira em massa termina de modo tão súbito e inexplicável como começara, e todo mundo volta a enxergar. Eu tinha as mesmas reservas quanto ao fim de outro romance célebre sobre doença em massa, *A peste*, de Albert Camus, em que a epidemia em questão simplesmente some. Em minha recente condição monocular, achei esses finais ainda menos satisfatórios do que antes. Aqueles dentre nós que somos cegos, ou, no meu caso, caolho, sabem muito bem que a cegueira não vai simplesmente embora.

E havia Odin, que sacrificou um olho em troca da permissão de beber do poço cujas águas lhe concederiam sabedoria divina e total compreensão. E havia o ciclope Polifemo, cegado por Ulisses... Reli todas essas histórias envolvendo olhos com interesse renovado, na esperança, suponho, de encontrar consolo. Proporcionaram-me muito pouco. Eu não obtivera nenhuma sabedoria divina e, por mais que adorasse Capri, a ilha dos ciclopes, era difícil me identificar com um gigante de um olho só comedor de gente. Mesmo tendo em comum a perda de um olho.

Quando realmente encontrei consolo, e até inspiração, não foi na ficção nem no mito, mas em uma história real, sobre o nababo de Pataudi e o jogo de críquete. Todo fã de críquete — por certo todos os indianos que acompanham o esporte — sabem que Mansoor Ali Khan, o nababo do minúsculo principado de Pataudi, conhecido como "Tigre", ou, para alguns na Inglaterra, como "The Noob" [o novato], foi uma das maiores estrelas do esporte, um rebatedor realmente talentoso, capitão da Índia e uma figura de infinito glamour, casado com uma estrela de cinema, Sharmila Tagore, e pai de outras duas estrelas de cinema, Saif e Soha Ali Khan. Mas alguns meses antes de começar sua ilustre carreira esportiva internacional, quando mal completara vinte anos, ele sofrera um acidente de carro e perdera a visão em um olho. Era difícil acreditar que um rebatedor caolho, mesmo dotado de excepcional talento, seria capaz de enfrentar arremessadores tão temíveis como Wes Hall e Charlie Griffith, da seleção caribenha de críquete, a West Indies, que eram os próximos adversários da equipe indiana. Mas ele não só jogou como jogou bem, sendo nomeado capitão — na época, o jogador mais jovem a ser capitão de uma seleção nacional no críquete —, e assim teve início sua gloriosa carreira. Decidi que faria do Tigre meu modelo a ser seguido. Se ele fora capaz de enfrentar a furiosa velocidade de Hall e Griffith, eu deveria ser capaz de conseguir encher um copo d'água sem derramar, andar pelas calçadas sem trombar com outros pedestres e de uma forma geral ser um caolho funcional num mundo de dois olhos.

* * *

Quem sou eu? Serei a mesma pessoa que era em 11 de agosto ou algum outro? Em alguns aspectos, estou obviamente mudado. O eu de 11 de agosto nunca adotara um esportista como exemplo de vida, por mais talentoso que fosse. E também é verdade que outras pessoas parecem presumir que estou diferente agora. Elas me perguntam: como o que aconteceu vai afetar sua escrita? Uma delas me comparou a Nietzsche — logo quem! —, porque, conforme disse, quando passou a sofrer de miopia extrema, sua forma de escrever mudara. Presumia-se que a minha também mudaria, tanto em termos estéticos quando na substância do que eu pensava. Quando escutei essa sugestão, reagi veementemente. Falei:

> Não acredito que isso tenha impactado, deva impactar ou irá impactar de modo algum meu estilo de escrever. O estilo, a forma e a linguagem de qualquer projeto textual, ficção ou não ficção, é determinado pelas exigências do projeto, e podem variar de livro para livro, dos mais barrocos aos mais despojados... Não vejo no que um ato de violência como o que sofri tem a contribuir para a arte.

Ao dizer isso, lembrei-me de outra coisa que costumava afirmar em minha vida anterior a 11 de agosto. Eu dizia às pessoas:

> Imagine que você não saiba nada a meu respeito, que você veio de outro planeta, talvez, e alguém lhe deu meus livros para ler, e você nunca ouviu falar no meu nome nem tem nenhuma informação sobre minha vida ou sobre o ataque contra os *Versos satânicos* em 1989. Assim, se você lesse meus livros na ordem cronológica, não acredito que pudesse concluir que *Alguma calamidade aconteceu na vida desse escritor em 1989*. Os livros têm sua própria jornada a percorrer.

Eu me lembrava de pensar na época que havia duas maneiras de a *fatwa* me desencaminhar, me destruir enquanto artista: se eu começasse a escrever livros "temerosos" ou se passasse a escrever livros "vingativos". Ambas as opções destruiriam minha individualidade e independência e fariam de mim nada mais que uma cria daquele ataque. Ele me dominaria e eu não seria mais eu mesmo. Assim, a única maneira autêntica, a única maneira de sobreviver enquanto artista, era compreender o caminho literário que eu percorria, aceitar a jornada que escolhera e continuar a andar por essa trilha. Isso exigia um ato de vontade. E agora a pergunta se impunha novamente. Quem era eu? E conseguiria continuar a ser eu mesmo?

Muitos escritores se deram conta de uma divisão entre seu eu público e privado. Há muito tempo, em Berlim, eu conversava com Günter Grass em um café na Unter den Linden quando ele disse: "Às vezes, sinto haver duas pessoas, Günter e Grass. Günter é o marido da minha esposa, o pai dos meus filhos, o amigo dos meus amigos, e mora na minha casa. Grass é alguém por aí no mundo, fazendo barulho, arrumando encrenca". E há também o famoso texto de Jorge Luis Borges, "Borges e eu", em que ele afirma:

> Ao outro, a Borges, é que se sucedem as coisas [...]. Eu permanecerei em Borges, não em mim (se é verdade que sou alguém), mas me reconheço menos em seus livros do que em muitos outros ou do que no laborioso rasqueado de uma guitarra [...].
> Não sei qual dos dois escreveu esta página.*

E em um caso extremo mas relacionado, Graham Greene descobriu que tinha um alter ego, um falso eu circulando por um

---

* Jorge Luis Borges, *O fazedor*. Trad. de Josely Vianna Baptista. São Paulo: Companhia das Letras, 2008.

meio social não muito diferente do seu, alegando ser o Greene real. Ele recebia bilhetes de mulheres desconhecidas falando sobre seus encontros românticos e via fotos de jornal do outro Greene em lugares que não visitara quando foram tiradas. Certa vez, no Chile, *ele* foi acusado de ser o falso Graham Greene. Nunca se cruzaram, o real e o outro, mas reza a lenda que Greene certa vez chegou a um hotel para se hospedar e descobriu que o outro Greene acabara de encerrar a conta e sair.

Desde 1989 fico incomodado com os demais Rushdies circulando pelo mundo. Eu também sou tanto "Salman" como "Rushdie". Há o Rushdie demoníaco, inventado, sou forçado a dizer, por diversos muçulmanos — esse é o Rushdie que o A. acreditava que queria matar. Há o Rushdie arrogante, egocêntrico, criado outrora pelos tabloides britânicos (ele parece no momento ocupar um segundo plano). Há o Rushdie hipersociável. E agora, pós-12 de agosto, há o "Rushdie bom", mais imaginado com mais compreensão, o quase mártir, o ícone da liberdade de expressão, mas até mesmo ele tem coisas em comum com os "Rushdies maus": isso tudo tem muito pouco a ver com Salman em sua casa, o marido de sua esposa, o pai de seus filhos, o amigo de seus amigos, tentando superar o ocorrido, ainda tentando escrever seus livros. E todos eles desviam a atenção dos livros em si. Em certo sentido, tornam *desnecessário* ler os livros. E isso, na minha cabeça, foi o maior prejuízo que sofri, tanto antes de 12 de agosto como por causa de 12 de agosto. Virei uma excentricidade, menos famoso por meus livros do que pelos percalços da minha vida. Assim, a resposta correta à pergunta "Como isso vai afetar sua escrita?" é: vai afetar a forma como minha escrita é lida. Ou não lida. Ou as duas coisas.

Porém, preciso aceitar que sou tanto "Salman" como "Rushdie" — conservar o otimismo necessário para a criação de ficções e a esperança de que meus romances continuem a encontrar leitores (presumindo que eu continue a encontrar os romances), e acrescentar a isso a disposição de prosseguir travando o bom combate. Se o destino me transformou numa espécie de boneca Barbie virtuosa e amante da liberdade, o Rushdie da Liberdade de Expressão, acolherei esse destino. Talvez seja isso que "desfecho" significa para mim: uma aceitação da realidade e do movimento adiante nessa realidade.

Imediatamente após os assassinatos da *Charlie Hebdo*, escrevi o seguinte:

A religião, uma forma medieval de irracionalidade, quando combinada ao arsenal de armas moderno torna-se uma real ameaça a nossas liberdades. Esse totalitarismo religioso está causando uma mutação fatal no coração do islã, e vimos as consequências trágicas hoje em Paris. Posiciono-me ao lado da *Charlie Hebdo*, como devemos fazer todos, para defender a arte da sátira, que sempre foi uma força a favor da liberdade, e contra a tirania, a desonestidade e a estupidez. "Respeito pela religião" se tornou uma frase cifrada que quer dizer "medo da religião". As ideias religiosas, como quaisquer outras, merecem críticas, sátiras e, sim, nosso destemido desrespeito.

No caso do ataque do A. contra mim, eu trocaria a palavra "arma" por "tecnologia", porque não há nada de moderno em uma faca e contudo ele, o A., é um produto acabado das novas tecnologias de nossa era da informação, para a qual "era da desinformação" talvez fosse um nome mais apropriado. Os fabricantes gigantes de pensamento de grupo, YouTube, Facebook, X (Twitter), e os videogames violentos foram seus professores. Combinados ao que parecia ser uma personalidade maleável que encontrou no pensamento de grupo do islamismo radical uma estrutura para a identidade de que precisava, eles produziram um eu que por pouco não se tornou um assassino.

James Joyce escreveu: "As ações dos homens são as melhores intérpretes de seus pensamentos". O ataque à faca nos contou tudo que precisávamos saber sobre a vida interior do A. Quando chegasse a hora, haveria o julgamento, eu testemunharia se necessário e a sentença seria a que tivesse de ser. Isso já não parecia mais tão importante quanto antes.

Treze meses após o atentado, voltei a Chautauqua. Cheguei à conclusão de que era algo que eu precisava fazer por mim mesmo: regressar à cena do crime e me sentir de pé outra vez, saudável e forte — ou pelos menos relativamente saudável e não debilitado — no lugar onde tombara e por muito pouco não morrera; onde a Morte me tivera em sua mira e errara (por um triz). Eu esperava que fosse como um ritual de superação e que me ajudasse a deixar aquele terrível dia para trás.

"Vou junto", disse Eliza. "Dessa vez não vou deixar você fazer essa viagem sozinho."

À medida que o dia da viagem se aproximava, a perspectiva começou ocasionalmente a pesar sobre mim. Minha mente ficava voltando àquele dia, e as fortes emoções com que acreditava ter lidado voltaram a transbordar. Então, em outras ocasiões, a sensação parecia muito menos intensa. *Talvez fosse possível*, pensei, *reagir ao fato de estar no anfiteatro outra vez com pouco mais que um muxoxo: É, aconteceu, mas são águas passadas, agora. Não tem nada para ver aqui. Sigamos em frente.* Perguntei a Eliza se a visita iminente a deixara com uma sensação esquisita. "Claro que sim", ela respondeu. "É natural que isso aconteça." Afirmei que não fazia ideia de como eu seria afetado por voltar ao lugar — se profundamente ou se quase não me afetaria, ou alguma coisa entre as duas. "Fico dividido", falei. Talvez isso também fosse natural. "Não dá para saber", disse ela. "Só indo para descobrir."

Eu havia entrado em contato com Shannon Rozner, vice--presidente sênior do instituto, sobre meu desejo de visitar o local, e ela foi compreensiva e prestativa. A data mais próxima que funcionava para todo mundo era, curiosamente, 11 de setembro, o 22º aniversário de outro atentado terrorista muito maior e que mudou o mundo. Minha história era e é muito pequena comparada a esse horror. Mas é também parte da mesma história, a história da violência do terrorismo religioso. Descobrimos em 11 de setembro que um avião também podia ser uma faca. Aqueles aviões, o voo 11 da American Airlines e o voo 175 da United Airlines, abriram talhos como lâminas mortais no corpo de seu alvo, as Torres Gêmeas, e milhares de seres humanos dentro das gigantes assassinadas tiveram menos sorte que eu.

Lembrei-me de uma tirinha cômica de *Doonesbury* em que um personagem diz a outro: "Puxa, sinto tanta saudade de 10 de setembro". Essa frase, que expressa tamanha ternura pela inocência perdida, até por um mundo perdido, não saíra da minha cabeça, e agora eu me pegava pensando: "Puxa, sinto tanta saudade de 11 de agosto". Eu queria terrivelmente ser, mais uma vez, aquele sujeito despreocupado observando a lua cheia sobre o lago, um escritor com um novo romance a ser lançado em breve e um homem apaixonado. Seria isso que essa viagem de volta poderia evocar? Não "desfecho", mas um anseio mais profundo por um passado irremediavelmente perdido, esse passado do qual eu fora cortado pela faca, gerando uma angústia para a qual não havia cura? Talvez estivesse a caminho de Chautauqua para enfrentar o fato intolerável, comum a todo ser humano, de que o passado nunca mais voltaria.

Não dá para saber. Só indo para descobrir.

Às cinco da manhã do dia 11 de setembro, nosso voo foi cancelado. Eliza e eu andáramos refletindo profundamente sobre a visita, para estarmos preparados, e isso foi um baque emocional. Mas havíamos lidado com baques muito piores no ano passado, e sobrevivido. Remarcamos a viagem para dali a uma semana e por algum motivo a nova data nos pareceu menos estressante do que a data original.

Pouco antes de partirmos, descobri que o A. rejeitara fazer um acordo, o que causou perplexidade em todo mundo. Assim, os dois julgamentos, estadual e federal, ocorreriam com toda a probabilidade. Talvez ele não estivesse pensando racionalmente, porque continuava sendo verdade que mais de mil pessoas o viram fazendo aquilo de que ele alegava ser inocente. Talvez sua defesa fosse se basear em insanidade? Ou talvez ele quisesse alguns dias sendo o centro das atenções em um tribunal, bancando o herói radical para um público remoto. Talvez mudasse de ideia outra vez. *Faça o que bem entender*, pensei. *Você segue o seu caminho e eu sigo o meu.*

Segunda-feira, 18 de setembro, fazia um ano, um mês e uma semana desde minha última viagem a Chautauqua. Ambos acordamos nos sentindo muito calmos e "normais". Eu estava mais preocupado com Eliza do que comigo. Ela nunca estivera em Chautauqua, então seria a primeira vez que veria o anfiteatro, e eu sabia que isso despertaria fortes emoções. Mas ela insistiu que era uma boa ideia. "Vou ficar bem", disse. "E, para falar a verdade, estou mais preocupada com você."

No voo me ocorreu que eu deveria descobrir em que lugar ficava o presídio de Chautauqua, onde o A. era mantido sob custódia. *Se não fosse longe demais do nosso destino, o Instituto Chautauqua*, pensei, *gostaria de ir até lá, parar na frente do prédio, só para ter a imagem na minha cabeça*. Fiquei sabendo que era um breve trajeto de carro entre um lugar e outro, menos de dez minutos. "Vamos lá", falei para Eliza. Ela hesitou por um instante, mas então concordou.

O clima nesse dia estava estranhamente auspicioso. De manhã em Nova York chovia pesadamente, mas quando chegamos a Buffalo, e durante o resto da nossa visita, o sol brilhou forte; fazia um lindo dia, assim como fora em 11 e 12 de agosto, um ano antes. Era como se o universo houvesse decidido recriar para nós as condições de minha visita anterior. Isso ajudou. Se tivesse feito um dia tempestuoso, chuvoso, em Chautauqua, nossa experiência teria sido diferente: mais sombria, mais ameaçadora, menos relaxada. Mas fomos saudados por um céu azul que conservou nossa leveza de espírito. (Mais tarde, quando estávamos a caminho do aeroporto, o tempo fechou e voltou a cair um aguaceiro. Parecia uma coisa teatral — a cortina do dia fora erguida para nós ao chegarmos e era baixada novamente ao partirmos.)

Passamos por cidadezinhas e vilarejos idílicos, uma cena encantadora desfigurada apenas por alguns cartazes de TRUMP. Os nomes dos locais iam ficando para trás. Seneca, na terra original do povo seneca, que era parte da Confederação Iroquesa. Angola, assim chamada no século XIX porque a população apoiara a atividade missionária na África. Eden, "a Cidade Jardim". Dunkirk, que recebeu o nome da Dunkerque francesa bem antes da Segunda Guerra Mundial. E minha favorita, Fredonia. Como qualquer cinéfilo pode lhe dizer, *Free*donia é o nome do país imaginário do qual Groucho Marx se torna líder no clássico de 1933 dos Irmãos Marx, *Duck Soup*. Trechos de diálogos do filme voltaram à minha memória e me fizeram sorrir. Foi agradável ter alguma tolice em minha cabeça por um momento.

Ora, uma criança de quatro anos conseguiria entender esse relatório. Saia e vá procurar uma criança de quatro anos. Não estou entendendo patavina desse negócio.

Mas então outro nome passou por nós em uma placa na estrada. ERIE. 32 QUILÔMETROS APÓS A FRONTEIRA DA PENSILVÂNIA. Isso despertou vívidas lembranças do hospital Hamot e pintou a manhã de tons sombrios.

Eliza só me contou muito depois — quando estávamos de volta a Nova York — que no avião ela fora invadida por dolorosos flashbacks de seu voo para Erie no dia do atentado, com as pavorosas palavras ecoando em seus ouvidos: *Ele não vai sobreviver.* Ela se obrigara a desviar seus pensamentos dessa lembrança para se concentrar nesse dia e no que ele poderia significar para nós dois.

O presídio era um pequeno conjunto inexpressivo de prédios de tijolos vermelhos. À esquerda ficava o quarteirão da polícia. O quarteirão das celas era à direita, atrás do arame farpado. Tirei uma foto e mandei para Samin, que escreveu: "Parece bastante comum". Sim, parecia. Mas exerceu um efeito inesperado sobre mim. Conforme o observava, tentando imaginar o A. em seu uniforme de prisão preto e branco em algum lugar ali dentro, senti uma felicidade estúpida e uma absurda vontade de dançar. "Para com isso", advertiu Eliza. "Quero tirar uma foto sua na frente desse lugar, e você não deveria estar sorrindo nem dando pulinhos." Não ficamos muito tempo. Não precisávamos. Mas fiquei feliz por ter visto o lugar onde meu pretenso assassino, assim eu torcia e esperava, deveria passar uma parte substancial de sua vida.

À luz do sol, o Instituto Chautauqua era belíssimo. O lugar estava muito silencioso. A temporada terminara e as 10 mil pessoas que compareceram ao local para os eventos do programa de verão agora haviam partido, deixando para trás apenas os cerca de quatrocentos moradores permanentes. O lago Chautauqua cintilava ao fundo e as árvores continuavam verdejantes, embora aqui e ali tingidas de ouro. Vi o lugar onde eu ficara à noite e tirara uma foto da lua cheia.

Fomos recebidos por Shannon Rozner e Michael Hill, o presidente do instituto. Percebi na hora que para eles, assim como para nós, era um momento muito emotivo.

"Tenho pensado em você todo dia desde o ocorrido", disse Michael, e sua voz falhou quando acrescentou: "Lamento tanto pelo que aconteceu".

"Estou feliz de estar de volta mais ou menos inteiro", falei.

"Como é lindo aqui", disse Eliza.

"Pensei um bocado sobre a dissonância entre a beleza e a tranquilidade do lugar e a horrível violência do episódio", falei. "De certa forma o cenário esplendoroso torna o crime ainda mais chocante."

"Exatamente", concordou Michael. "E fico muito feliz de ver como você parece tão bem. Todos nós ficamos."

Então chegou a hora. Entramos no anfiteatro pela mesma porta de serviço que eu usara um ano antes e paramos na área dos bastidores, onde eu fora apresentado à mãe de Henry Reese e recebera meu cheque, o cheque manchado de sangue que estava agora nas mãos da promotoria, como prova. Percebi que Eliza ficara muito emocionada. Assim como eu. Mas lá estávamos, para fazer o que viéramos fazer. As portas foram abertas e subimos ao palco, olhando para as fileiras de cadeiras vazias, e elas nos devolveram o olhar.

O palco também estava vazio, um amplo espaço de tábuas

polidas. Tentei recriar o momento para Eliza. Havia duas cadeiras, para Henry e para mim, contei, aproximadamente *aqui* e *aqui*, e o microfone que Sony Ton-Aime usou para nos apresentar estava *ali*. E o A. — quando o vi pela primeira vez — deve ter se levantado de um lugar um pouco mais à direita. *Ali*. E veio correndo e subiu esses degraus. *Aqui*. E então me atacou. E quando eu caí foi mais ou menos *aqui*. Bem *aqui*.

Eu estava fazendo o que imaginara e precisava fazer: parar no lugar — no ponto onde disse a mim mesmo que devia ser o local exato — onde havia tombado. Confesso que me senti só um pouquinho triunfante ao fazer isso. Lembrei, mas me abstive de declamar, os versos de "Invictus", de W. E. Henley. "Sob os golpes do acaso/ Minha cabeça sangra, porém erguida."

Depois, contei a Eliza, me trouxeram até *aqui*, e então, depois de não sei quanto tempo, chegou a maca para o helicóptero, que aterrissou em algum lugar por *ali*.

Michael disse: "Trouxemos a ambulância até a porta dos fundos, e essa é a porta pela qual ele foi carregado".

O pessoal de Chautauqua fez a enorme gentileza de nos deixar a sós naquele espaço enorme e por um bom tempo tudo o que quisemos fazer foi nos abraçar. Ficamos ali agarrados com força um ao outro, dizendo: *Tudo bem. Foi bom a gente ter vindo. Estamos juntos. Eu te amo. Eu também te amo. Foi importante fazer isso.*

Pude perceber que era difícil para Eliza estar ali, mas também era bom, disse ela, que agora soubesse como fora, como tudo acontecera; não precisava mais imaginar. Quando disseram: "Essa é a porta pela qual ele foi carregado", foi duro para ela aguentar, mas manteve a compostura. Ambos mantivemos a compostura. Fiquei muito feliz por sua presença. Nós nos abraçamos, numa afirmação muda de que tínhamos um ao outro, de que havíamos superado o pesadelo e de que estava tudo bem. Teria sido completamente diferente — mais triste, menos afirmativo, menos balsâmico — se eu tivesse estado lá sozinho.

Quanto a mim, levei algum tempo para entender o que se passava comigo. Inicialmente me distraí de meus próprios sentimentos preparando o terreno para Eliza e me preocupando com seu bem-estar. Mas, conforme permanecíamos imóveis ali, me dei conta de que um fardo fora tirado de mim de alguma forma, e a melhor palavra que pude encontrar para o que sentia era *leveza*. Um círculo se fechara, e eu estava fazendo o que havia imaginado que pudesse fazer ali — me reconciliando com o que acontecera, me reconciliando com a minha vida. Ali no lugar onde quase fora morto, vestindo, preciso dizer, meu *novo* terno Ralph Lauren, eu me senti... inteiro.

"Dá para perceber que isso fez bem para você", disse Eliza, "e fez bem pra mim também."

Lembrei-me da pergunta que eu me fizera após o ataque: nossa felicidade sobreviveria a um golpe desses? Sobre o palco do anfiteatro de Chautauqua, eu soube a resposta. Sim, havíamos reconstruído nossa felicidade, ainda que imperfeitamente. Mesmo nesse dia de céu azul, eu sabia que não era a limpidez que presenciáramos antes. Era uma felicidade ferida, e havia, e talvez sempre haveria, uma sombra em algum recesso. Mas era uma felicidade sólida, não obstante, e conforme nos abraçávamos eu soube que seria suficiente.

"Terminamos por aqui", falei para Eliza, segurando sua mão. "Vamos voltar para casa."

ESTA OBRA FOI COMPOSTA PELO ESTÚDIO O.L.M. / FLAVIO PERALTA EM MINION E IMPRESSA EM OFSETE PELA GRÁFICA SANTA MARTA SOBRE PAPEL PÓLEN SOFT DA SUZANO S.A. PARA A EDITORA SCHWARCZ EM MARÇO DE 2024

A marca FSC® é a garantia de que a madeira utilizada na fabricação do papel deste livro provém de florestas que foram gerenciadas de maneira ambientalmente correta, socialmente justa e economicamente viável, além de outras fontes de origem controlada.